BASICS

AMÉNAGER L'ESPACE

\\ULRICH EXNER \\DIETRICH PRESSEL

BASICS

AMÉNAGER L'ESPACE

BIRKHÄUSER
BASEL·BOSTON·BERLIN

TABLE DES MATIÈRES

La conception et la configuration d'espaces occupent une place importante dans la formation d'architecte. Que ces espaces soient paysagers, urbains ou situés à l'intérieur de bâtiments, les mêmes principes et paramètres régissent leur création et leur perception. Bien qu'étant l'œuvre réfléchie d'architectes, d'urbanistes ou d'autres créateurs, ils n'en sont pas moins marqués et modifiés par leur utilisation et par leur époque. En outre, il n'est pas possible de les percevoir ou de les évaluer avec objectivité car il faut toujours les considérer en fonction des perceptions sensorielles de chacun et du contexte socioculturel de l'observateur ou de l'utilisateur. Il en résulte une grande diversité d'approches et une foule de possibilités d'aménagement.

Le présent ouvrage, *Basics Aménager l'espace*, ajoute une pierre importante à la série «Aménager»; indépendamment de toute fonction, discipline ou spécialité, ses auteurs se penchent sur le phénomène espace. Dès l'introduction, ils nous expliquent quels sens entrent en jeu dans la perception de l'environnement, comment l'homme traite ces stimuli sensoriels et comment il les apprécie sur la base de son expérience. Pour présenter une grande variété d'espaces, ils ont choisi différents types avec leurs spécificités et les ont placés dans un contexte déterminé. Ils exposent les principes fondamentaux, quasi universels, dans le chapitre «Paramètres» puis les développent avec des exemples concrets dans «Éléments et moyens pour aménager l'espace». Leur objectif: nous faire comprendre les caractéristiques particulières des espaces et nous indiquer quelles sont les possibilités d'influer sur l'effet qu'ils produiront plus tard.

Bert Bielefeld
Directeur de collection

die mindestwohnung

INTRODUCTION

L'espace détermine l'existence de l'homme et une grande partie de son environnement est aménagée par ses soins. La vie quotidienne se déroule la plupart du temps dans des espaces, qu'il s'agisse d'un paysage, d'une ville, d'une maison ou d'une chambre. Les hommes ont tendance à penser que leur environnement naturel ou construit est durable, même si un tremblement de terre ou une guerre peut soudain le détruire. Les hommes perçoivent les espaces avec leurs sens, de manière directe, individuelle et sans cesse renouvelée. Suivant les cas, il est agréable de s'y promener, d'y séjourner, d'y rêver ou d'y travailler. Une forêt ou une rue peuvent sembler accueillantes le matin et menaçantes la nuit. En quelques secondes, un endroit peut paraître étroit ou vaste, sûr ou inquiétant, accueillant ou repoussant, ce qui influe sur notre comportement. Lors d'une promenade, on choisira pour faire une halte un emplacement au soleil, à l'abri du vent, suffisamment frais, d'où l'on jouit d'une belle vue et offrant le calme désiré car les bruits du voisinage y sont absorbés. La description détaillée de cet endroit, de son atmosphère, est difficile, car divers aspects entrent en jeu en même temps dans l'impression qu'il dégage, et aucun d'eux n'est perçu ni analysable isolément.

Les êtres humains aménagent leur environnement en fonction de leur désir de se sentir protégés des forces de la nature et en accord avec leurs différents modes de comportement, de travail, de vie, leurs besoins et leurs idéaux. Leur milieu est pour l'essentiel défini par d'autres, il leur est imposé, selon les idées ou les intérêts d'autres personnes. Les conditions naturelles ou la volonté d'une majorité politique jouent aussi un rôle non négligeable. Par leur forme, leur matérialité, leur luminosité ou leur couleur, les espaces construits peuvent stimuler les sens ou l'intellect, par leurs dimensions, ils peuvent offrir protection ou refuge, par leur forme, ils peuvent susciter la surprise, l'étonnement, la joie ou le bien-être. La découverte d'un lieu incite à trouver la manière d'y jouer. On peut définir la forme d'un espace comme la transposition des paramètres culturels, idéologiques, locaux, économiques, politiques, sociaux ou fonctionnels déterminant l'existence humaine. Soumis à des changements constants, ces paramètres remodèlent sans cesse les constructions. Dans cette forme, on peut distinguer aussi bien des exigences propres à l'individu que des besoins et des idées importants pour les groupes, valables pour des millénaires ou pour quelques instants.

L'aménagement de l'espace peut se définir comme toute manière active de s'approprier cet espace, qu'il s'agisse d'une pièce ou d'un paysage. L'espace, ensemble de relations perceptibles, sensorielles et cognitives, entre des objets, des corps, ou des éléments naturels, est le thème de

Ill.1:
Une boîte de conserve offre un volume optimisé pour une surface
extérieure minimale pourvue d'un revêtement modifiable à volonté.

cet ouvrage. Nous y examinerons comment l'homme perçoit son environnement construit et naturel, quels sont les caractéristiques d'un espace
et quels moyens ou éléments sont à notre disposition pour son agencement.

PERCEPTION D'UN ESPACE

C'est grâce à ses sens et à son appareil cognitif que l'homme perçoit ce qui l'entoure. Sans eux, il ne peut y avoir d'aménagement de l'espace, pas plus que d'effet produit par cet aménagement. Toutes les informations venant de l'environnement sont traitées par le cerveau. Les sensations, le comportement et les mouvements en sont donc directement influencés.

On part du principe que l'homme possède près de treize sens, parmi lesquels les cinq principaux : la vue, l'ouïe, le toucher, l'odorat et le goût avec, en sus, l'équilibre. Certaines personnes ne disposent pas de tous ces sens ou ne sont capables de percevoir certains stimuli, comme la lumière ou une odeur, que très faiblement, voire pas du tout. Les organes de l'équilibre permettent de ressentir l'attraction terrestre, et donc la verticalité, comme orientation permanente.

La perception de l'espace sert à s'orienter, ce qui est essentiel dans la vie de tous les jours, sans pour autant que toutes les caractéristiques de l'espace puissent être exhaustivement perçues. Dans la vie quotidienne, on se trouve sans cesse dans de nouveaux lieux, jusqu'alors inconnus. De nombreuses informations sont traitées si rapidement par les sens et l'appareil cognitif que, sans intervention du raisonnement, elles conduisent à certains comportements ou actions. Ce traitement des renseignements fait très vite apparaître un espace comme accueillant ou repoussant, inquiétant ou protecteur sans que, pour autant, chacune de ses qualités soit consciemment perçue : dès qu'on entre dans un café, par exemple, on sait si son atmosphère nous plaît ou non.

La perception d'un espace est affaire personnelle : quand des adultes revoient, longtemps après, des lieux où ils ont passé leur enfance et qui, dans leur souvenir leur semblaient grands, ils leur paraissent soudain beaucoup plus petits. En revanche, de nombreuses spécificités d'un endroit sont ressenties de manière identique par un grand nombre de personnes ; d'ailleurs, si ce n'était pas le cas, les systèmes d'orientation ou de guidage

---

\\ Remarque :
L'appareil cognitif désigne les fonctions de l'homme liées à la perception, l'apprentissage, la mémoire et la pensée, c'est-à-dire au traitement des informations, à la cognition.

\\ Remarque :
En grec, la perception sensorielle se dit «*aisthesis*». En philosophie, le terme «esthétique» désigne une de ses branches s'occupant des sens, des perceptions. Dans la langue de tous les jours, toutefois, il est devenu un synonyme de «beau».

Ill.2:
La nature exacte d'un tissu est perçue
par les sens de proximité.

Ill.3:
Vue limitée au champ de vision humain

Ill.4:
Estimation de la distance jusqu'à l'Escalier du ciel dans le désert marocain

Ill.5:
Arrivée à l'Escalier du ciel après deux
heures de marche

ne fonctionneraient pas. En général, c'est le mouvement qui permet de se situer dans un environnement, sa nature pouvant y contribuer.

SENS DE PROXIMITÉ ET SENS DE DISTANCE

La perception chez l'homme utilise essentiellement les cinq sens que sont la vue, l'ouïe, le toucher, le goût et l'odorat; suivant les individus, ils sont plus ou moins développés › Tab. 1 et leur association fournit une impression d'ensemble comme, par exemple, l'image de la surface brute d'une planche de bois avec ses veines et son odeur.

Grâce aux sens de proximité, l'odorat, le toucher et le goût, on établit un contact direct avec les objets. Ils sont tous les trois indépendants de

Sens de
proximité

Tab.1: Débit d'informations des cinq sens principaux en bits par seconde				
Vue	Toucher	Ouïe	Odorat	Goût
10 000 000	1 000 000	100 000	100 000	1 000

Tab.2: Distances de visibilité dans différentes conditions météorologiques					
Très clair	Clair	Brume légère	Brumeux	Forte brume, brouillard ténu	Rafales de neige, brouillard épais
50-80 km	20-50 km	10-20 km	4-5 km	2 km	0,01 km

la lumière et, dans une large mesure, toujours disponibles. Pour se sentir bien quelque part, le sens du toucher est important car c'est la peau qui transmet les sensations de l'enveloppe spatiale.

> 🔍

Sens de distance   Les perceptions des signaux acoustiques et optiques sont liées entre elles. Les liaisons neuronales structurent ces signaux et donnent des informations permettant à l'homme de s'orienter dans son environnement direct. Quand elle est aidée par des signaux acoustiques, la vue est plus sélective que dans un espace diffus du point de vue acoustique. Les signaux visuels traversent la lentille de l'œil et forment une image bidimensionnelle sur la rétine. Le réseau des nerfs optiques conduit cette image au cerveau qui, à l'aide de valeurs de référence et d'expériences personnelles, l'interprète comme un objet complexe.

Comme on le constate au vu de la chaîne de montagnes des illustrations 4 et 5, les contours lointains sont difficiles à distinguer et paraissent plats : cela complique l'estimation des distances. En revanche, les conditions habituelles en Europe centrale permettent une évaluation assez précise de celles-ci dans un paysage normal. › Tab. 2

🔍

\\ Exemple :
La nature d'une étoffe est perçue par le
toucher, l'odorat et la vue. Elle est jugée
agréable si l'ensemble des trois facteurs est
ressenti à l'unisson (voir ill. 2).

13

L'APPAREIL COGNITIF

Comme nous l'avons dit ci-dessus, les impressions sensorielles sont interprétées plus ou moins consciemment par le cerveau, c'est-à-dire par l'appareil cognitif; elles influencent la manière d'agir, de penser, de ressentir. Un élément spatial peut induire un comportement intuitif, être perçu comme signifiant ou encore éveiller des souvenirs.

Cette façon de percevoir l'espace s'apparente à la lecture d'un texte. De manière analogue aux théories et aux méthodes de la linguistique, les stimuli perçus par les sens sont «lus» comme des caractères, leur signification étant traitée par l'intelligence humaine et interprétée. Les éléments d'un espace sont considérés comme des vecteurs d'informations, comme des renseignements allant au-delà de sa présence immédiate.

PHÉNOMÉNOLOGIE DE L'ESPACE

La philosophie de la phénoménologie défend l'idée que l'expérience de l'espace est directement marquée par la perception humaine et que les rapports de l'être humain au monde sont donc déterminés par les constatations sensorielles. Dans le corps, sensation et conscience opèrent avant que la pensée n'intervienne. Au cours de l'évolution de l'homme, les représentations des objets, de l'espace et du temps se forment grâce aux expériences du corps. Comme l'existence humaine et le corps sont indissolublement

Ill.6:
Atmosphère imposante d'une mosquée d'Istanbul

14

liés à l'espace, la forme de celui-ci acquiert une importance primordiale pour l'apprentissage, pour l'acquisition de connaissances en général.

L'atmosphère que dégage un espace est essentielle au bien-être de l'homme. Elle est difficile à définir, impossible à mesurer et justifiable par l'analyse seulement de manière restreinte ; elle n'en constitue pas moins une qualité importante d'un espace. De par sa nature diffuse, il est difficile de la créer, de la représenter et de parvenir à un consensus à son sujet. Une pièce éclairée avec des chandelles est en général considérée comme « agréable », alors que ni le vacillement des flammes ni le scintillement coloré ni la pénombre dans laquelle sont plongées les parois ne suffisent à justifier ce caractère. À côté de ces aspects visuels, d'autres stimuli, tels que l'odeur de cire, la chaleur des bougies ou leur crépitement sporadique contribuent à rendre l'ambiance accueillante. › III. 6

Ill.7:
La coquille de l'escargot est à l'image de la créature qui y vit.

TYPES D'ESPACES

De nombreuses formes d'espaces sont fonction de l'utilisation, de l'imagination humaine, des circonstances, des besoins ou des conditions locales. Elles constituent des archétypes dépendant du climat, de la région ou de l'époque mais qu'on retrouve identiques dans différentes civilisations. Des utilisations telles que l'habitat, la production ou les pratiques religieuses se reconnaissent souvent par la forme de la construction. L'enveloppe et la forme du bâtiment révèlent clairement les actions qui s'y déroulent. › Ill. 7

Dans les paragraphes suivants, nous présenterons quelques-uns des types d'espaces les plus courants où l'on distingue l'influence de la fonction sur la forme. La fonction n'est cependant jamais seule à déterminer la forme, d'autres facteurs entrent toujours en jeu ; nous allons les étudier au prochain paragraphe.

Bien que les hommes ne cessent, au fil leur utilisation, d'adapter les bâtiments à de nouveaux besoins et de les modifier en conséquence, ceux-ci n'en conservent pas moins nombre des spécificités de leur destination d'origine.

FONCTION

Les formes des espaces sont toujours marquées par leur fonction. Toutes les constructions sont des lieux d'échanges, d'activités, de rituels, de jeux ou de spectacles. Ces actions en déterminent la forme, l'échelle et, inversement, les usagers et les fonctions sont influencés par ses qualités physiques.

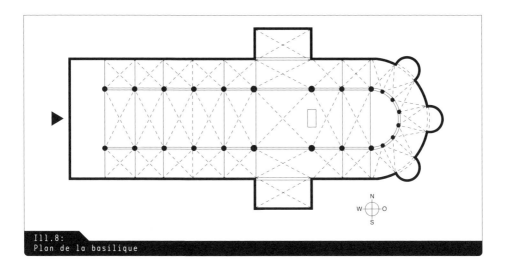

Ill.8:
Plan de la basilique

Un local peut être le contenant indispensable pour une activité spécifique, il peut aussi n'avoir aucune destination précise. On identifie et on distingue les différents types d'espaces aux signes plus ou moins marqués de leur fonction qui transparaissent dans leur forme. Certaines nécessités techniques peuvent marquer fortement cette dernière et, quand ils sont construits en plusieurs exemplaires, constituer un type propre. Les ouvrages d'infrastructure ou de génie civil sont souvent dérivés d'une utilisation particulière et ne permettent que rarement une autre fonctionnalité. › Ill. 9

À l'inverse, il existe des types d'espaces qui permettent diverses utilisations. Cette aptitude est ce qui les détermine. Une place publique dans une ville n'a que peu d'affectations fonctionnelles précises. Sa grandeur seule permet à de nombreuses activités de s'y exercer.

𝒫
\\Exemple:
La basilique est un type de construction spécifique dont il existe plusieurs variantes
(à l'origine, c'était un bâtiment profane).
L'entrée de la halle longitudinale se fait par
l'ouest, face à l'abside indiquant générale-
ment la direction de Jérusalem, c'est-à-dire
l'orient. C'est là que se trouve, visible de
tous, l'autel où se déroulent les rites religieux (voir ill. 8).

Ill.9:
Les exigences techniques créent des types de constructions comme, par exemple, les tours des vents qui, depuis des siècles, servent à l'aération dans les pays arabes, ou les tours de refroidissement des usines nucléaires dans les pays industrialisés.

GENIUS LOCI

Type d'espace
déterminé par
le lieu

Les caractéristiques d'un lieu engendrent aussi des types de constructions car elles influent profondément sur la structure et la forme : la pente abrupte d'une falaise demande un autre type de maison et de structure porteuse qu'une plaine.

Le vent, la température et la lumière sont d'autres facteurs locaux qui influent sur l'orientation du bâtiment, le genre et le nombre d'ouvertures ou la nature de l'enveloppe. › Ill. 10

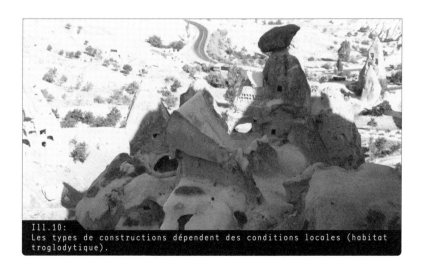

Ill.10:
Les types de constructions dépendent des conditions locales (habitat troglodytique).

Ill.11:
Les bâtiments modulaires sont des espaces utilisables partout, dans une large mesure indépendants de l'environnement.

Il y a toutefois aussi des types indépendants des conditions locales comme, par exemple, les aérogares; on les retrouve partout et ils établissent d'autres rapports, fonctionnels, avec leur contexte. Les constructions modulaires d'habitation ou de bureaux, préfabriquées, sont relativement indépendantes du lieu d'implantation et configurées en conséquence. › Ill. 11

Dimension

Un paysage, une ville, une rue ou une pièce sont des types d'espaces caractérisés par leur taille. Celle-ci détermine les activités qui y sont possibles ainsi que l'importance qui leur est attribuée. Une pièce ne peut abriter qu'un nombre limité d'objets, d'individus, d'activités; le plus souvent, elle est perçue comme un espace privé ou semi-privé réservé à quelques personnes seulement. Une place urbaine, en revanche, est un espace aux dimensions généreuses destiné aux activités de la vie de tous les jours (travailler, faire des courses, manger, habiter ou communiquer) d'un grand nombre d'usagers. Le nid, le territoire, l'univers constituent trois espaces de tailles différentes, à l'usage de l'homme: l'espace privé, l'environnement familial et l'espace public.

Matériau

Le matériau est un facteur important pour une typologie des constructions en fonction du lieu. Disponible sur place en grandes quantités et à un prix avantageux, un matériau engendre des structures spécifiques

𝒫
\\Exemple:
Si une route en haut d'une pente sert de voie de desserte, l'accès peut se situer au niveau supérieur d'un immeuble; le plan et la forme de la construction seront adaptés en conséquence.

Ill.12:
Maisons en argile dans le Sud-Est anatolien et immeuble à ossature bois dans une région sylvicole

récurrentes dont les formes découlent de ses qualités intrinsèques et de ses possibilités de mise en œuvre. › Ill. 12

PRIVÉ – PUBLIC

Une autre caractéristique des espaces est le fait que tous les citoyens aient ou non la possibilité d'y avoir accès et de les utiliser. Suivant leurs possibilités d'utilisation, leurs dimensions et leur nature, ils présentent un caractère plutôt privé ou plutôt public que l'on reconnaît très vite et qui influence directement le comportement que l'on peut y adopter. Les limites entre privé et public ne sont pas rigides parce que les divers usages se mêlent et évoluent. Le caractère public ou privé d'un espace dépend de sa taille, de son degré de contrôle social, de sa pénétrabilité, du nombre et du genre des ouvertures de son enveloppe.

Espace public   Ouvert à tous, l'espace public est constitué par les espaces intermédiaires dans le tissu construit des lotissements, par les lieux revendiqués d'une manière ou d'une autre par la communauté. Il sert à la fois aux déplacements, aux activités, à s'informer, à s'attarder. Les groupes et les individus de toutes classes sociales, de toutes nationalités et de toutes cultures peuvent s'y rencontrer, communiquer entre eux, conclure des affaires, exprimer leurs idées, se renseigner directement ou par l'intermédiaire d'un média. L'espace public est caractérisé par ses dimensions. En règle générale, il offre assez de place pour qu'un grand nombre de gens puissent y évoluer ; les voitures, les rues et les voies rapides déterminent aussi sa taille car il sert la plupart du temps de voie de circulation et de communication. La manière d'aménager ce type d'espace permet d'y diriger et d'y contrôler les activités et les flux, si bien qu'il relève aussi d'une volonté politique. Au fil du temps, sa forme reçoit souvent des modifications qui en illustrent l'utilisation et l'importance.

Ill.13:
Espace public urbain

Ill.14:
Place publique à Valence en Espagne

Contrôle
social

> 🔖

L'espace public offre une plus grande liberté de mouvement que l'espace privé, bien plus petit. Le contrôle social et la surveillance limitent et protègent les activités qui s'y déroulent car ils garantissent le respect des normes sociales de comportement. › Ill. 13

Là où le contrôle social ne s'exerce plus, on voit apparaître des lieux inhospitaliers qui ne donnent pas envie de s'y attarder ni d'y pratiquer des activités.

Places

On attribue souvent aux places publiques et aux immeubles des fonctions symboliques et représentatives qui influent ensuite sur le développement des structures urbaines. Les évolutions politiques, commerciales ou religieuses ainsi que l'apparition de nouveaux moyens de transport ou de communication modifient sans cesse la forme, la destination et l'utilisation de l'espace public. Ce dernier fait souvent partie d'un type propre à la région : senteurs caractéristiques, acoustique particulière, climat, vêtements, mouvements et activités des indigènes, typiques du lieu, en déterminent l'atmosphère et dictent son utilisation. Pour des raisons culturelles

🔖

\\ Remarque:
En règle générale, dans un espace public animé, socialement contrôlé donc, on prend des mesures et on intervient pour aider en cas d'agression. Par contre, en pleine nature, qui est un autre genre d'espace public, cette surveillance fait défaut : on y jouit d'un sentiment de liberté presque totale qui peut aussi se convertir en angoisse.

et climatiques, les espaces publics des pays du Sud, tout comme leur « scénographie », sont différents de ceux du Nord. › III. 14

Là où les gens s'attardent, les espaces publics sont toujours soumis à des intérêts particuliers ou à la volonté de la majorité politique. Le contrôle de leur utilisation et de leur aménagement est une manifestation du pouvoir.

L'espace public est souvent marqué par la nécessité d'orienter correctement les usagers, et par le grand nombre de signes et d'éléments que l'on y place dans ce but.

Espace privé

L'espace privé est un type d'espace destiné à protéger la sphère privée de l'individu. Peuvent s'y dérouler des activités non contrôlées par la communauté.

Une chambre ou un appartement sont des espaces privés caractéristiques. Leur forme dépend souvent de la taille humaine, et aussi des activi-

\\ Remarque :
Du fait d'intérêts économiques privés, les façades servent à la publicité ou à l'information. La mesure dans laquelle une appropriation personnelle de l'espace public est possible détermine le degré de liberté de pensée et de mouvement (voir ill. 15).

Ill.16:
Espace public entouré d'immeubles stéréotypés monofonctionnels

Ill.17:
Rue multifonctionnelle aux aménagèments variés

tés et des objets qui ne sont pas supposés être partagés – ou seulement en partie – avec la communauté. Ce type d'espace est la plupart du temps ceint d'une enveloppe en dur, qui sépare avec netteté l'intérieur de l'extérieur, et offre la possibilité de s'y retirer, d'y trouver refuge, sécurité et intimité. Il est doté d'ouvertures qu'il est possible de clore pour que les occupants aient le contrôle de qui peut y pénétrer ou regarder à l'intérieur, quand et dans quelle mesure.

LOCAUX D'HABITATION ET DE TRAVAIL

Le lieu d'habitation se caractérise par son aménagement qui peut être conçu en grande partie en fonction des besoins personnels, parmi lesquels il convient de distinguer ceux communs à la majorité des gens et ceux propres à un individu. Les premiers sont les besoins primaires : avoir un toit au-dessus de la tête, disposer d'une possibilité de se laver

\\ Remarque :
Les exigences croissantes de régularité dans le tissu urbain donnent naissance à des structures toutes identiques et monofonctionnelles. L'appropriation de ces espaces par différents utilisateurs tend à diminuer sans cesse (voir ill. 16 et 17).

Ill.18:
Habitat personnalisé

ou d'être en sécurité, entre autres. Les exigences propres à un individu vont au-delà des besoins généraux et visent la réalisation personnelle et souvent aussi la présentation de soi-même dans son environnement propre. › Ill. 18

Individualité et intimité

Le lieu d'habitation reflète la personnalité de son occupant; après les vêtements, il constitue l'enveloppe la plus proche du corps. Nombre de ses éléments et matériaux sont de ce fait choisis pour leur contact agréable. Tel un nid, il offre intimité, chaleur et protection. Il est divisé en zones et en parties, en fonction de leur destination. En aménageant des vues sur un autre élément, des limites ou des espaces de distribution, l'habitation est divisée en zones ouvertes et fermées. Les pièces destinées à satisfaire des nécessités physiques sont, dans une large mesure, isolées des visiteurs et du public en général, par exemple la chambre à coucher ou la salle de bains. Elles ont des ouvertures peu nombreuses, petites et peu visibles de l'extérieur et se trouvent plus éloignées de l'entrée que le séjour. D'autres pièces, en revanche, doivent être accessibles aux amis, aux visiteurs; elles peuvent être empreintes d'une certaine théâtralité ou satisfaire aux exigences de représentation du propriétaire. Si l'on habite et travaille dans un même lieu, l'espace public peut faire partie de l'habitation ou l'inverse.

Habitats spécialisés

D'autres locaux tels que les hôpitaux, les maisons de retraite, les orphelinats ou les hôtels répondent aux besoins particuliers de certains groupes de personnes. Dans les premiers, d'une part, on contrôle les maladies et on en préserve le reste de la population en érigeant des frontières matérielles. D'autre part, on y tient à l'écart la dégradation physique et la mortalité. Les hôtels offrent un lieu de séjour provisoire aux voyageurs, aux congressistes ou aux participants à des événements festifs.

Les ateliers, les halles d'usines et les bureaux sont des locaux dont la forme répond aux processus de travail, aux produits qui y sont confectionnés ou aux machines et aux outils nécessaires.

Les ouvriers et les employés doivent bénéficier de suffisamment de lumière, d'air et de mobilité, avant tout pour préserver leur force de travail. Le type de construction est fonction du nombre de travailleurs.

Pour les abriter, les chaînes de fabrication requièrent des enveloppes d'une grandeur déterminée. Les locaux de travail dépendent étroitement de leur utilisation, avant tout de la taille des machines et dans une moindre mesure de la présence des ouvriers. Autant que possible, les ateliers artisanaux tiennent compte de l'activité et des besoins du personnel car les employés y jouent un rôle plus important pour la production. Les postes de travail qui sont en contact avec le public, comme dans les locaux de vente, s'intéressent en priorité aux demandes et aux besoins des vendeurs.

Les places de travail dans les bureaux étant conçues avant tout pour le travail intellectuel, les possibilités de mouvement y sont restreintes. Comme les exigences en matière d'espace n'y sont que peu différenciées, les types d'immeubles de bureaux se ressemblent souvent.

Le but et l'utilité d'une entreprise est de réaliser des profits, si bien que, pour l'aménagement des postes de travail, le rapport coût/avantage est déterminant. Pour éviter que cela ne se fasse au détriment de la santé du personnel, des normes légales ont été édictées dans nombre de pays en matière de postes et de locaux de travail; ces normes tiennent compte des acquis de la médecine du travail et sont destinées à éviter toute altération de la santé. Comme les bureaux et les ateliers sont souvent conçus pour le travail par roulement, les possibilités de les individualiser, de les pourvoir d'objets personnels sont limitées.

LOCAUX CULTURELS ET DE LOISIRS

Les locaux culturels et de loisirs accueillent des jeux, des spectacles, des cérémonies, des expositions ou des ventes qui ne font pas partie de la vie quotidienne, et n'ont rien à voir avec le travail ou l'habitat. Ils sont

◯

\\ Exemple:
La structure porteuse des bâtiments d'une imprimerie doit avant tout supporter le poids des machines et être assez stable pour éviter les vibrations durant le processus d'impression.

destinés à un grand nombre d'usagers et se détachent du tissu urbain, leur fonction spéciale se reconnaissant de loin. Du point de vue espace, ils répondent aux vœux du public de sortir pour un temps du train-train quotidien. Ils sont accessibles à tous, présentent de grandes qualités spatiales et permettent toutes sortes d'activités en société qui ne sont pas possibles dans les espaces privés ou de travail. Un jardin urbain, une piscine ou un parc paysager ou naturel en dehors de la ville sont des lieux classiques de loisirs. › III. 19

Les cérémonies religieuses, la fréquentation des églises, des mosquées ou des temples sont des activités spirituelles qui trouvent un cadre propice dans des types de bâtiments adéquats. Musées, théâtres, bibliothèques sont des lieux de culture qui remplissent en même temps des fonctions de communication et de vie en société. Les parcs de loisirs et les centres commerciaux sont des espaces semi-publics (heures d'ouverture limitées, entrée payante pour les premiers) qui offrent la possibilité de s'évader du quotidien, mais ils sont régis par des intérêts privés.

Lieux pour
l'esprit

› ⌕

Lieux sacrés

› ⬒

Certains espaces de loisirs ou culturels sont propices à la réflexion et à la contemplation. En règle générale, ils sont prévus pour une utilisation concentrée et durable comme, par exemple, les écoles et les universités. Ils sont dotés de proportions, de matériaux particuliers ; leur lumière et leur couleur leur confèrent une atmosphère spéciale, perceptible par tous. › III. 20

Les lieux sacrés sont aussi des lieux voués à l'esprit. Rares sont ceux qui parviennent à se soustraire à leur atmosphère. Celle-ci est ressentie comme agréable et chacun adapte son comportement à cette ambiance, par exemple en baissant la voix. Un espace sacré suscite souvent des réactions émotionnelles afin de faciliter la communication et la réception des messages religieux.

On tente aussi de susciter des émotions dans des espaces non religieux, par exemple dans des salles de spectacles ou des centres de congrès, publics ou privés.

⌕

\\ Exemple:
Les salles de lecture sont des lieux de calme et de concentration. Ici aussi, tout est conçu pour une seule fonction, la lecture attentive et l'étude. Elles offrent d'une part des zones privées pour une utilisation temporaire et, d'autre part, des salles publiques soumises à un contrôle sévère pour les activités sociales.

⬒

\\ Remarque:
Par ses rites, son acoustique spéciale, ses dimensions exceptionnelles et souvent aussi ses senteurs particulières, un lieu sacré peut évoquer des souvenirs, des expériences survenues dans des endroits similaires. On peut tirer parti de ces paramètres pour d'autres fonctions et les utiliser à d'autres fins.

Ill.19:
Différents parcs de loisirs et diverses conceptions du temps libre

Ill.20:
Salle propice à la lecture et à la concentration

Ill.21:
Bâtiment archaïque et espace intérieur invitant au recueillement

Ill.22:
Pèlerinage annuel à la Kaaba à La Mecque

DÉPLACEMENTS ET DESSERTES

De nombreux lieux sont marqués par des flux réguliers horizontaux et verticaux, ainsi que par des voies de circulation. Halls d'entrée, corridors, escaliers, rues, passages souterrains, tunnels ou ponts constituent un type de constructions destinées à la circulation. Que ce soit pour les personnes ou leurs véhicules, il existe des voies différentes selon leur utilisation, leur destination ou la vitesse qu'elles permettent. Dans leur immense majorité, elles ont une organisation très nette. Dans le tissu urbain, de nombreux espaces intermédiaires portent l'empreinte de leur fonction de voie de circulation. Les cages d'escalier, les rampes ou les ascenseurs assurent quant à eux la distribution verticale.

Il existe des espaces de circulation destinés à relier aussi efficacement que possible un lieu à un autre et d'autres, qui permettent en même temps de s'y arrêter. Les voies publiques offrent en général les deux possibilités : si leur largeur vient à diminuer ou à augmenter, les possibilités de s'attarder varient en conséquence. De par l'intersection de plusieurs voies, les places et les carrefours sont des lieux dépourvus d'orientation particulière ; ils peuvent accueillir d'autres fonctions publiques. Le long des voies de circulation apparaissent souvent des aires de repos ayant éventuellement d'autres fonctions, supplémentaires et temporaires. › Ill. 23

Ill.23:
Voies de circulation et de desserte

Outre les constructions modulaires, qui peuvent abriter provisoirement un habitat ou un local de travail dans des sites sans cesse différents, les voitures, les avions, les téléphériques, les avions, les bateaux ou
les trains constituent des espaces mobiles. Dans une large mesure, leur
forme est indépendante du lieu, elle est avant tout liée à leur fonction, à
leur manière de se déplacer et aux exigences de sécurité. Le séjour dans
ces espaces n'est conçu que pour la durée du transport d'un lieu à un
autre. Lors de longs voyages ou d'interminables bouchons, l'espace intérieur d'une voiture, par exemple, peut être occupé assez longtemps. C'est
pourquoi il est pourvu de capitonnages moelleux, de tissus, de cuirs et
d'équipements électroniques de loisirs, destinés à le rendre confortable.
En même temps, plus encore que pour des espaces fixes, les exigences de
représentation sont importantes : en effet, la mobilité des véhicules les
rend plus visibles, par davantage de gens et en divers lieux et, de plus, ils
servent à plusieurs personnes. Pour ces espaces mobiles, il existe plusieurs
types d'aménagements fixes : stationnements, voies de services, voies de
sortie et d'accès, gares, stations-service, arrêts de tram, parkings, gares
routières ou aéroports. Leur forme est fonction avant tout des moyens de
communication qui y mènent et diffère aussi selon qu'il s'agit de lieux
d'arrivée ou de départ.

III.24:
Langages formels représentatifs à travers les âges

REPRÉSENTATION

Les bâtiments officiels, mais aussi les appartements reflètent toujours une attitude qui caractérise le propriétaire ou l'occupant et qui interpelle le visiteur ou l'usager, le repoussent ou l'influencent d'une manière ou d'une autre. Les théâtres, les églises, les hôtels de ville ou les sièges des partis incarnent leur contenu par des moyens architecturaux ou par leur décoration intérieure : les matériaux de choix des mairies sont censés représenter dignement la conscience collective de la ville, les façades vitrées des sièges des partis symbolisent la transparence vis-à-vis des citoyens, les bâtiments des tribunaux illustrent, par leur plan fonctionnel et leur apparence, le pouvoir de l'État et les théâtres reproduisent l'atmosphère imaginaire du monde des planches. › III. 24

L'impression que dégage, par rapport aux immeubles voisins, un très grand bâtiment ou un grand espace sert souvent à symboliser le pouvoir.

Dans «l'architecture du quotidien», les signes représentatifs ne sont pas aussi visibles que dans les bâtiments officiels. On crée des espaces qui ne correspondent pas directement aux besoins des usagers mais qui sont destinés à un groupe déterminé. Les contraintes économiques ne permettent souvent pas de créer un environnement individualisé si bien qu'il

Votre avis nous importe !

1. Veuillez nous indiquer l'auteur et le titre de l'ouvrage dont vous venez de faire l'acquisition :

2. Veuillez évaluer ce livre en fonction des critères suivants
1= très bien, 5= insuffisant

	1	2	3	4	5
Actualité des contenus					
Exactitude des contenus					
Orientation vers la pratique					
Clarté de l'expression					
Présentation (Maquette)					
Qualité des illustrations/tableaux					
Structure, didactique					
Rapport qualité-prix					

3. Comment pourrait-on améliorer ce livre ?

4. Dans quels domaines particuliers avez-vous besoin d'informations ?

- [ ] Conception
- [ ] Bases de la représentation
- [ ] Construction
- [ ] Pratique professionnelle
- [ ] Physique/Installations du bâtiment
- [ ] Science des matériaux
- [ ] Architecture paysagère
- [ ] Urbanisme
- [ ] Théorie
- [ ] Design

5. Sur quel sujet un bon manuel ou ouvrage spécialisé vous fait-il encore défaut ?

6. Avez-vous d'autres remarques ? Remarques longues à : feedback@birkhauser.ch

7. Comment avez-vous eu connaissance de l'ouvrage en question ?

- [ ] Recommandation par un(e) autre étudiant(e)
- [ ] Recommandation par un(e) enseignant(e)
- [ ] Librairie
- [ ] Catalogue de l'éditeur
- [ ] Plaquette publicitaire
- [ ] Revue (Laquelle ?)
- [ ] Internet
- [ ] Présentation d'ouvrage parue dans
- [ ] Annonce parue dans
- [ ] Autre source (Laquelle ?)

Expéditeur:

E-Mail:

Je suis

◼ Étudiant(e)

◼ Enseignant(e)

◼ J'aimerais être tenu(e) informé(e) régulièrement des nouvelles parutions aux éditions Birkhäuser.

Une collaboration avec Birkhäuser en tant qu'auteur vous intéresse-t-elle ?
Dans ce cas, retournez-nous un questionnaire auteur dûment rempli.

Deux fois par an, 5 ouvrages Birkhäuser sont attribués aux gagnants désignés par tirage au sort parmi les réponses reçues.
Tout recours juridique est exclu. Nous avisons les gagnants personnellement.

www.birkhauser.ch

Ill.25:
Monastère de Sumela, une utilisation durable sur plusieurs siècles ; tentes pour un usage éphémère

en résulte des types d'habitat uniformes. L'utilisateur n'est qu'un facteur abstrait pour l'architecte. Le mode de vie de la plupart des gens est soumis aux décisions de tiers : le concepteur transpose et reporte sa vision de l'habitat sur les autres. À l'inverse, les occupants tentent de faire valoir leur besoin de représentativité par une appropriation individuelle de leur espace. Des meubles particuliers, une décoration aussi originale que possible, comme des rideaux uniques ou une porte d'entrée artisanale, sont destinés à exprimer cette individualité vis-à-vis de l'extérieur. › Chap. Éléments et moyens pour aménager l'espace

Certains espaces incarnent l'ordre, la puissance, le contrôle ou le pouvoir. Les prisons, les établissements psychiatriques ou, parfois, des zones entières du territoire sont des sites où la liberté de mouvement est limitée et contrôlée.

UTILISATION DURABLE ET TEMPORAIRE

On distingue aussi les espaces selon la durée de leur utilisation, car ce critère est décisif dès le stade de la construction. Pour des constructions pérennes comme les mémoriaux, les bunkers ou les mausolées, on choisit une forme résistante, un matériau durable et un mode de construction solide. L'usure du matériau ou les nombreuses déformations ou adjonctions qui ne laissent que deviner la forme d'origine témoignent d'une très longue utilisation. › Ill. 25

À l'inverse, il existe des produits qui ne sont faits que pour une durée limitée, les tentes, par exemple, dressées pour juste quelques heures ou quelques jours. Lors de fêtes, des espaces sont occupés ou décorés le temps d'un événement et, à l'occasion de processions ou de cortèges, des rues

31

Ill.26:
Affectation temporaire d'une cale sèche : avant - après

Ill.27:
Cokerie Zollverein à Essen : la friche
industrielle est provisoirement
utilisée comme piscine.

Ill.28:
Écrans géants pour le championnat du
monde de football en 2006 à Francfort-
sur-le-Main

\\ Remarque:
La destruction ou l'abandon de grandes usines
signifie souvent la mort d'un quartier entier.
Sur les immenses friches qui en résultent, une
utilisation temporaire peut générer une trans-
formation de l'espace existant (voir ill. 27).

Ill.29:
Le vide au-dessus du faux plafond
mesure 30 cm de haut.

Ill.30:
Scène de théâtre dans un faux plafond:
l'œil prête la taille humaine aux
figurines.

› 🛇

sont réaménagées. Des friches urbaines sont utilisées de manière provisoire et des constructions adaptées temporairement. › ill. 26

Parfois, des «implants» spatiaux temporaires suggèrent de nouvelles utilisations, d'autres évolutions urbaines, des processus sociaux, et produisent un effet «boule de neige» dans le contexte où ils sont apparus. › ill. 28 Si ces nouvelles utilisations sont une réussite, les constructions conçues à l'origine comme éphémères deviennent des bâtiments durables.

MISE EN SCÈNE ET ESPACES IMAGINAIRES

Comme pour les locaux culturels et de loisirs, les espaces scéniques suspendent provisoirement le cadre des fonctionnalités habituelles. Les espaces imaginaires sont la plupart du temps issus de modifications éphémères d'un type d'espace. Comme sur une scène de théâtre, on y crée plusieurs décors que l'on monte et démonte. Grâce à cette scène, les spectateurs sont emportés dans un monde imaginaire, le temps d'une représentation. Les moyens spatiaux ou les effets de lumière ont une grande force de suggestion et stimulent l'imagination. › ill. 29 et 30

Les moyens scénographiques permettent de représenter et de tester de nouvelles idées. Les pavillons de foire ou d'exposition sont des constructions scénographiques destinées à mettre en scène de façon aussi attrayante et pittoresque que possible les produits d'une entreprise, les objets que l'on veut montrer.

Trompe-l'œil

Le trompe-l'œil est un effet pictural ou scénique visant à abolir les limites réelles d'un espace. › ill. 31

Espaces
imaginaires

Les idées architecturales sur papier ou sous forme de maquette sont des projets de constructions futures qui n'existent que dans la pensée. De nombreux architectes laissent libre cours à leur imagination pour trouver

Ill.31:
Trompe-l'œil : espace réel et imaginaire

Ill.32:
Dessin d'une construction imaginaire

des idées en abrogeant pour un temps certaines contraintes naturelles comme, par exemple, la pesanteur ou le climat. Il en résulte parfois des espaces irréels ou non fonctionnels, plus proches du rêve que d'une construction réalisable et praticable. › Ill. 32

PARAMÈTRES DE L'AMÉNAGEMENT DE L'ESPACE

Outre sa fonction et son utilisation, l'espace présente des caractéristiques spécifiques importantes – quant il s'agit de l'aménager – que l'on peut mettre en valeur en tant que telles. Agencé et limité par les différents éléments constructifs, par les objets, l'espace créé au milieu d'eux est la base de l'architecture et de l'urbanisme. Perçues physiquement par tous les sens et saisies par l'intellect, ses différentes dimensions sont marquées par ses spécificités. Ces dernières déterminent de quelle manière on sert et quel est l'effet des moyens d'aménager l'espace, moyens que nous allons vous présenter dans cette partie.

BÂTIMENTS DANS LEUR CONTEXTE

Chaque site présente un environnement particulier. La création d'un bâtiment modifie la forme des espaces contigus et, à l'inverse, ces espaces influent sur ses possibilités d'aménagement. Un lieu est en général marqué à plusieurs niveaux : qu'un environnement soit construit ou non, on y trouve toujours de nombreuses références historiques, culturelles ou sociales, que l'on peut qualifier de contexte. La nature des références au contexte, leur nombre et leur intensité font qu'un espace peut être qualifié de contextualisé, ou au contraire d'autonome dès lors que les liens de cet espace avec les caractéristiques de son environnement sont inexistants ou très ténus.

Un village, une ville ou un paysage sont des contextes variables qui influencent la forme des constructions. La hauteur des étages, par exemple, dépend souvent des bâtiments voisins ou la répartition des locaux, de l'éclairage naturel.

ÉCHELLE ET DIMENSIONS

Les dimensions récurrentes des pièces et des bâtiments, conditionnées avant tout par l'utilisation, sont toujours perçues par rapport à la taille humaine et à celle des espaces voisins. C'est ce qui détermine notre perception du grand et du petit. Placé à côté d'un très grand bâtiment, un immeuble petit par rapport au corps humain paraît encore plus petit, par contraste. Un autre facteur qui intervient dans l'évaluation des proportions est l'expérience personnelle, l'habitude de dimensions spécifiques servant de point de référence. › III. 33

Celui qui a grandi dans un village ne comportant que des maisons à un niveau n'évaluera pas les rapports de taille avec le même regard que celui qui a vécu environné de tours dans une grande ville.

La relativité de l'estimation de la taille a un effet sur l'homme, par exemple sur la manière dont il évolue dans un espace, ou sur le sentiment

Ill.33:
Proportions dans une carrière de pierre

de protection ou de refuge qui en émane. À partir d'une certaine ampleur, un espace ne paraît plus délimité : il semble infini et perd même toute apparence de grandeur.

Les architectes et les dessinateurs ont développé au cours de l'histoire plusieurs systèmes de mesure dont le plus récent est le « Modulor » de Le Corbusier. › Chap. Éléments et moyens pour aménager l'espace

INTÉRIEUR ET EXTÉRIEUR

Toute limite définit un ici et un là-bas. La sensation d'intérieur et d'extérieur naît quand des délimitations supplémentaires entourent un espace au point de permettre la perception d'une profondeur de champ. L'enveloppe constitue la transition entre intérieur et extérieur, le type et le nombre d'ouvertures déterminent les relations entre les deux. › Ill. 34

L'intérieur d'un bâtiment peut être parfaitement visible de l'extérieur ou non. Une enveloppe de verre constitue une transition presque

\\ Remarque :
La taille étant relative, des erreurs d'évaluation peuvent survenir : un meuble paraîtra très petit et charmant dans l'immense hall de vente d'un magasin alors que, plus tard, dans un appartement exigu, il semblera soudain démesurément grand.

\\ Exemple :
Une salle dépourvue de fenêtres donnant sur l'extérieur peur se révéler fatigante lors d'une longue conférence. Une baie avec vue sur la rue permet au public de se changer les idées, de laisser vagabonder librement son regard ou son esprit, le degré de sensation de fermeture étant de ce fait amoindri.

Ill.34:
Une façade vitrée constitue une transition entre l'intérieur et l'extérieur.

ininterrompue entre extérieur et intérieur. Cette délimitation peut être très fine, une feuille de verre par exemple, ou très épaisse, comme les murs extérieurs des forteresses médiévales dans lesquels il était possible d'insérer de petites pièces ou des réduits.

Ouvert et fermé

Le type et le nombre de baies ou la pénétrabilité de la délimitation définissent l'impression d'ouverture ou de fermeture qu'elle donne. Les ouvertures peuvent n'offrir que des vues sur les pièces attenantes ou ne constituer que des passages ; elles déterminent l'aspect ouvert ou fermé de l'espace.

ORDRE ET HASARD

On peut considérer un paysage donné comme un espace ordonné par des influences et des conditions naturelles, il est toutefois souvent perçu comme désordonné et chaotique. On peut agencer un espace préexistant en le divisant et en séparant chaque zone l'une de l'autre. Comme le paysage est modelé par sa topographie ou par sa végétation en fonction de son échelle naturelle, toute intervention architectonique ou urbanistique entraînera un mélange ou une superposition d'aménagements naturels et artificiels.

Hasard

Face à l'aménagement volontaire et ciblé d'un espace, une part de son agencement reste toujours, du fait des relations multiples et complexes entre les différents éléments qui façonnent l'espace, soumise au hasard et à l'organisation décidée par les utilisateurs. › III. 35 Il est donc judicieux de prévoir des zones que les habitants pourront utiliser et aménager à leur guise.

En ville, on se trouve la plupart du temps en présence de bâtiments datant de plusieurs époques, qui obéissent à d'anciens schémas encore facilement discernables dans le tissu urbain, même après plusieurs siècles.

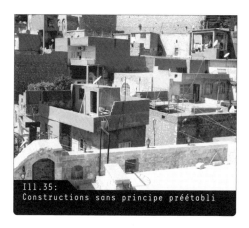

Ill.35:
Constructions sans principe préétabli

Dans nombre de cités, se mêlent et se superposent des ordonnances récentes et anciennes, mêlées à des constructions dues au hasard; il en résulte une impression de désordre labyrinthique dont les éléments ne peuvent être triés.

> 🔍

Agencements
étrangers ou
personnels

Dans leurs déplacements de tous les jours, les hommes doivent s'accommoder des aménagements les plus divers. Nombre de ceux-ci sont dus à l'État, à des architectes, des urbanistes ou des ingénieurs et ne sont pas le fait des usagers eux-mêmes.

Le lieu d'habitation est l'un des rares espaces du quotidien à avoir été, du moins en partie, arrangé au goût de ses occupants. Les locaux privatifs donnent une idée de la manière dont les occupants gèrent l'espace quand ils sont relativement affranchis des principes édictés par d'autres. On y découvre souvent l'idée individuelle du nid protecteur comme principe de base. Chaque occupant ajoute ses objets au local qu'il trouve et l'adapte à son idée. Au sein de cet agencement défini par lui-même, il peut très vite opérer des modifications, produisant parfois en quelques instants une sensation de désordre.

🔍

\\Exemple:
Des amphithéâtres romains qui, désaffectés, ont
parfois reçu d'autres superstructures, d'autres
destinations au fil du temps ; ils ont, par
exemple, été transformés en habitations. Dans le
plan de certaines villes, on peut encore distinguer les agencements antiques sur lesquels on a
bâti en respectant de nouveaux schémas.

Ill.36:
La profondeur du champ de vision est
limitée par l'horizon.

Direction et
orientation Autre principe régissant l'organisation d'un espace : la présence de directions, importantes pour s'orienter. Du fait de la force d'attraction, on distingue, dans le sens vertical, entre haut et bas ; dans le sens horizontal, c'est l'horizon qui détermine une ligne toujours visible avec un côté droit et un côté gauche de notre champ de vision. Tous les éléments d'un espace, ainsi que les conditions d'éclairage, déterminent la perception de la profondeur de champ, mais seul le mouvement permet de ressentir cette troisième dimension et donc de faire l'expérience de l'espace. › Chap. Paramètres de l'aménagement de l'espace, Temps et espace La profondeur est essentielle pour que l'on prenne conscience de l'espace, sans sa perception aucun déplacement ne serait possible. L'horizon est la limite horizontale constante de cette profondeur, perçue comme infinie, car cet horizon ne peut jamais être atteint ni touché. › Ill. 36

Des espaces orientés invitent au mouvement dans leur direction principale afin d'en éprouver, d'en expérimenter l'extension. Cette direction est perçue par les sens et par l'appareil cognitif en fonction de la position du corps, car c'est lui qui peut se mouvoir le plus loin. Les espaces non orientés, cours intérieures ou places urbaines, par exemple, n'incitent pas au mouvement : elles invitent au contraire à y rester si, du moins, elles sont assez vastes et bien éclairées. Comme l'orientation d'un espace dépend de ses limites, plus il est pourvu d'ouvertures, moins il aura d'effet directionnel.

DENSE – VIDE

Un espace rempli d'objets peut sembler accueillant, ouvert ou, au contraire, étroit, oppressant. Le sentiment de ne pas pouvoir s'y mouvoir est angoissant. À l'inverse, une pièce vaste incite à s'y déplacer bien que, à cause de sa vacuité et de sa taille, elle puisse aussi paraître menaçante et sans vie.

Ill.37:
La densité urbaine naît d'un aménagement
abondant et varié permettant un grand
nombre d'activités.

Les indications sur la position de notre propre corps sont alors plus difficiles à interpréter car, vu l'absence d'objets, notre œil a du mal à évaluer les distances. La taille du local par rapport au corps ou aux objets, à savoir l'échelle, n'est pas évidente à découvrir. Pour les sens, le corps ou la tête, il n'y a ici que peu de possibilités d'établir un rapport, de trouver une référence. On a besoin d'une certaine densité d'objets pour se sentir à l'aise dans un espace.

\\ Exemple:
Lors de fêtes chez des particuliers, il arrive souvent que les premiers arrivants se rassemblent dans la cuisine. Une petite pièce, pleine d'objets, où se déroule une multitude d'activités variées, par exemple la préparation des repas, est souvent plus accueillante que le grand salon prévu pour les hôtes.

\\ Remarque:
Les traces d'usure, telles que les éraflures, les éclatements aux angles ou les papiers peints jaunis, donnent des indications sur la durée d'utilisation d'un local, ainsi que sur ses habitants. Elles donnent une impression d'authenticité.

Ill.38:
Vieillissement et dégradation des matériaux au fil du temps

Une pièce paraît vide ou pleine, selon la taille de chacun, son vécu personnel, l'ambiance du moment et la liberté de mouvement. On peut aussi éprouver un sentiment de vide ou de trop-plein si la pièce est chargée de nombreux souvenirs. Cette sensation qui se dégage très vite d'un espace, qui fait qu'il est aussitôt agréable ou repoussant, n'est pas mesurable. Ce sentiment dépend des expériences personnelles, de la culture de chacun ainsi que de sa liberté, tant physique que psychologique. › Ill. 37

TEMPS ET ESPACE

L'espace est toujours vécu en corrélation avec le temps : on ne peut séjourner dans un autre endroit qu'à un moment différent. D'un instant à l'autre, tout lieu se transforme : les conditions d'éclairage se sont modifiées tout comme l'attention du spectateur, les objets ont changé de place. Bouger dans une structure spatiale permet d'expérimenter le temps et l'espace ; traverser une suite de pièces à une certaine allure prend nécessairement un certain temps. Comme le temps et l'espace sont des paramètres qui déterminent l'existence de l'homme, les souvenirs sont souvent liés à un espace, ou l'inverse.

Du fait de leur nature physique, matérielle, les espaces sont soumis au temps ; en effet tous les matériaux vieillissent, leur consistance se modifie avec l'âge. La lumière du soleil, l'abrasion mécanique, l'usure peuvent être des facteurs décisifs. › Ill. 38

Témoins d'un passé plus ou moins lointain, les espaces sont souvent composés d'éléments datant d'époques bien différentes. Les caractéristiques d'un lieu illustrent son inscription dans la durée. › Chap. Types d'espaces, Utilisation durable et temporaire

› ⬭

CARACTÉRISTIQUES D'UN ESPACE

L'impression que dégage une pièce dépend de plusieurs facteurs physiques et chimiques, tels que température, humidité, acoustique, éclairage et odeur. Toutes ces caractéristiques sont typiques d'un espace; concomitantes, elles se modifient avec le temps et sont perçues essentiellement par les sens de proximité. Leurs effets dépendent de la nature de l'enveloppe. Cette dernière consiste en une couche plus ou moins perméable entre l'intérieur et l'extérieur, au sein de laquelle les températures, par exemple, s'équilibrent. La peau sert ainsi d'enveloppe protectrice entre le corps humain et le fluide qui l'entoure; même de légères modifications de température ou de taux d'humidité sont très vite perçues.

La température d'une pièce agit directement sur ses occupants, elle est donc réglée en fonction de celle de leur corps et de leur activité. En dessous de 18 °C, un travail de bureau, par exemple, est assez pénible alors qu'une activité sportive est très agréable. Des températures élevées, quant à elles, empêchent certaines occupations physiques. Par ailleurs, les vêtements, qui constituent une enveloppe supplémentaire, modifient l'action des conditions climatiques sur le corps.

> ⓘ

Le degré d'hygrométrie d'une pièce dépend directement de sa température; en effet, l'air chaud peut contenir davantage de vapeur d'eau que l'air froid. À partir d'une certaine température, appelée le point de rosée, la vapeur d'eau contenue dans l'air se transforme en eau et se dépose sur les surfaces dont la température est inférieure à cette limite.

Les surfaces entourant une pièce influent aussi de manière décisive sur l'acoustique de celle-ci. Selon leur nature, elles réfléchissent ou absorbent les ondes sonores. Si cette surface est absorbante, les ondes sonores

> ⓘ

Éclairage

ne sont pas réfléchies, elles pénètrent dans le matériau.

L'éclairage, qu'il soit naturel ou artificiel, est un élément essentiel de l'aménagement d'un espace, un moyen fondamental pour obtenir des

---

ⓘ

\\ Remarque:
On éprouve un sentiment d'inconfort lorsqu'une surface est nettement plus froide que l'air ambiant et que son propre corps. Elle soutire à ce dernier de la chaleur et suscite donc une sensation de froid. En effet, les températures des différentes surfaces de la pièce sont en perpétuelle interaction et s'équilibrent les unes les autres.

ⓘ

\\ Remarque:
Avec des surfaces dures, aux pores serrés, la forte réflexion sonore rend l'audibilité difficile voire impossible, à cause de l'écho. Au lieu d'être absorbés, les sons sont réverbérés à plusieurs reprises. Si le niveau sonore est très élevé, cela peut dépasser le seuil de la douleur de l'oreille humaine et rendre impossible l'accès à cette pièce sans protection auriculaire.

Ill.39:
La taille des ouvertures est fonction du matériau.

informations sur son extension et sa nature. Sans la réverbération de la lumière sur les surfaces d'une pièce, il est impossible d'en distinguer les limites et donc d'en percevoir le volume ; à l'inverse, on ne distingue la luminosité que grâce aux surfaces réfléchissantes. Les surfaces limitant un espace réverbèrent fortement la lumière incidente, ce qui renseigne sur son extension. La diminution des contrastes due à l'éloignement et l'évolution vers des teintes bleuâtres augmentent l'impression de profondeur.

MATÉRIAU

Le choix du matériau a une incidence sur la forme de l'espace du fait des possibilités de construction qu'il offre. Les matériaux déterminent les modes d'exécution, les portées, le type ou la nature de l'enceinte. La taille des ouvertures dans un mur ou l'écartement des supports d'une toiture en dépendent, qu'il s'agisse d'une construction massive ou à ossature, en bois, en acier ou en béton. › ill. 39

Comme nous l'avons exposé au paragraphe précédent, la texture, le montage, la couleur ou l'odeur des matériaux déterminent l'impression donnée par un espace. De même, la taille disponible des différents éléments qui le configurent, leur construction et donc la forme qu'on peut lui donner, dépendent toujours du matériau choisi, de ses possibilités de fabrication et de mise en œuvre.

ATMOSPHÈRE

L'atmosphère est un phénomène typique et marquant d'un espace. Bien qu'échappant à toute explication rationnelle, l'ambiance exerce d'une manière complexe mais très directe son influence sur tous les organes de perception de l'homme. Ce qu'on appelle la «sensation de bien-être» est bien difficile à définir car chacun la ressent différemment. Outre la satisfaction de ses besoins fonctionnels et intellectuels, la création d'une atmosphère est un objectif universel partout où l'homme est présent. Elle résulte de tous les paramètres perceptibles par les sens ou par l'appareil cognitif ainsi que des propriétés de l'espace et des activités que l'on y effectue.

ÉLÉMENTS ET MOYENS POUR AMÉNAGER L'ESPACE

Nous présentons ci-dessous les moyens et éléments disponibles en matière d'aménagement, leurs possibilités de mise en œuvre et l'effet qui en émane. Comme nous l'avons mentionné plus haut, la maîtrise des contraintes fonctionnelles, esthétiques et techniques permet d'obtenir une certaine atmosphère : elle est la somme des multiples phénomènes spatiaux, des activités et de leur interaction continuelle et complexe, perçus par les sens et par l'intellect.

IDÉE ET CONCEPT

L'idée de projet précède la mise en œuvre de tous les moyens et éléments qui déterminent un espace. Elle peut être développée par l'expérimentation, déterminée rationnellement sur la base de l'analyse de tous les paramètres disponibles ou découverte par intuition. La plupart du temps, ces trois approches se combinent pour engendrer une idée. › Ill. 41

L'idée de projet est un concept d'espace, d'aménagement des lieux selon les désirs des utilisateurs, de transposition architecturale de ceux-ci. Cette idée constitue la base de la mise en œuvre des moyens et des éléments.

Concept

Idées fonctionnelles et idées esthétiques imprègnent conjointement le concept architectural ou urbanistique. Celui-ci constitue le principe ordonnateur servant de base à l'agencement d'espaces : il s'agit, par exemple, d'une distribution originale, d'une structure porteuse spéciale, de références axiales à l'environnement, de dispositifs permettant aux utilisateurs de s'y déplacer, d'une disposition particulière des pièces ou d'usages inhabituels. › Ill. 42

Après l'idée initiale, souvent découverte par intuition ou trouvée suite à une expérimentation, on procède à des essais avec des dessins ou des maquettes pour examiner si tous les facteurs peuvent être pris en

Ill.40:
Grand ensemble dont le dessin ne tire aucun parti du répertoire disponible de solutions d'aménagement (détail)

Ill.41:
Il est possible de se servir d'une représentation pittoresque pour illustrer des plans ou des immeubles. L'ornement en tant que principe graphique d'un projet d'immeuble

compte de manière satisfaisante et adaptée. Ces essais se poursuivent jusqu'à ce qu'on trouve la solution idoine.

Comme de nombreux éléments et moyens utilisés, tels que la couleur, la lumière, la sonorité, la texture ou l'usage peuvent varier, il est judicieux d'avoir un concept de base du projet dont l'idée maîtresse soit facile à reconnaître. Le concept est quelque chose de durable pour l'aménagement d'un espace, caractéristique d'une séquence spatiale ; il reste encore perceptible lors de modifications ultérieures de l'usage. › Ill. 43

Ainsi que nous l'avons exposé au premier chapitre de cet ouvrage, différentes utilisations, telles qu'habitation, travail de bureau ou production

› 🗍
Utilisation

Ill.42:
Une maison transformée en même temps qu'un autre immeuble : le concept de la maison dans la maison

Ill.43:
Concept spatial : une place est marquée par une structure divisée en lignes, en surfaces et en volumes ; l'ensemble confère cependant cohésion à ses divers petits éléments et renforce leur expression formelle.

🔖

\\ Remarque:

On trouvera d'autres informations et suggestions au sujet du développement d'un concept dans *Basics Idée de projet* de Bert Bielefeld et Sebastian El khouli, ainsi que dans *Basics La Recherche de la forme* de Kari Jormakka, parus aux éditions Birkhäuser en 2007 et 2008.

Ill.44 :
L'usage temporaire modifie l'environnement existant. Une construction légère sur un terrain vague a abrité pendant cinq ans un petit marché.

Ill.45 :
La nouvelle structure évoque un port de conteneurs et reprend le principe de l'empilement.

industrielle, caractérisent les types d'espace et leur concept. Dans les bâtiments existants, on a, la plupart du temps, fixé une utilisation, elle peut toutefois être modifiée et mise en œuvre comme moyen de réaménagement. Si, dans un espace conçu à l'origine pour un usage spécifique, on réalise un programme nouveau et inhabituel, ses activités se modifient et ses utilisateurs changent. › Ill. 44

S'ils sont inhabituels en un lieu, vêtus différemment, présents à d'autres moments ou évoluant autrement, les nouveaux occupants d'un espace en modifient l'aspect. Grâce aux objets qu'ils apportent avec eux, ils adaptent provisoirement ce dernier à leurs besoins et lui donnent pour un temps une autre apparence. Un usage inhabituel peut aussi servir à remettre en question des attributions fonctionnelles anciennes ou dépassées.

Contexte   Les qualités données d'un environnement, tout comme les bâtiments existants, engendrent des contextes déterminés. Ces qualités, ces particularités peuvent être prises en compte lors d'un projet de construction. › Ill. 45

48

Un contexte peut être déterminé par l'urbanisme, par l'histoire ou par des préoccupations sociales. Les utilisations existantes et les qualités environnementales, comme une rue bruyante très passante, influent sur la conception du programme et donc sur l'aménagement d'un nouveau bâtiment.

On appelle moyen la manière dont on établit, ou pas, des rapports entre une construction et un contexte particulier. Ce contexte peut être caché par un mur massif, sans ouvertures ou être intégré grâce à de nombreuses baies. Ainsi, une fenêtre donnant sur la mer établit un lien évident avec le paysage. Sans elle, une partie de l'environnement serait dissimulée et le lien avec cet aspect du contexte serait aboli.

Des liens avec le contexte peuvent aussi se manifester dans la forme d'un immeuble, dans ses caractéristiques matérielles ou dans le programme. L'utilisation d'un matériau typique de la région renvoie à l'environnement. Un bâtiment construit ainsi ressemble, par sa matérialité, sa couleur et sa texture, à ses voisins et ne rompt pas l'harmonie. À part cela, son échelle et sa forme détermineront s'il s'intègre bien à son contexte ou s'il contraste avec celui-ci.

DESCRIPTION DU SITE

Tout aménagement requiert en premier lieu la connaissance de la situation existante, du site à aménager. Lors de la visite du terrain concerné ou de l'immeuble à restaurer, on s'informe des données locales et on les note. On mène une enquête consistant à prendre connaissance, qualitativement et quantitativement, de toutes les propriétés de l'espace susceptibles d'être dessinées, consignées, décrites, photographiées voire filmées ou encore mesurées. À l'aide d'instruments de mesure, on s'efforce de répertorier aussi exactement que possible les dimensions et la nature du site afin de faciliter la mise en œuvre ultérieure des moyens disponibles. Outre les instruments traditionnels, comme le mètre à ruban ou pliant ou le niveau à bulle, les appareils électroniques, tels que les lasers, permettent des mesures très précises dans les trois dimensions.

\\ Astuce:
Comme on n'a pas toujours sous la main un mètre à ruban, il est utile de connaître la longueur de son propre pas ou la largeur de sa main afin de pouvoir déterminer les dimensions d'un objet ou d'un terrain.

\\ Remarque:
La précision des mesures est en règle générale adaptée à la tâche. La construction d'un meuble requiert bien sûr un degré d'exactitude différent de celui de l'aménagement d'un carrefour. Pour le dessin des plans, les dimensions relevées sont considérées comme exactes et objectives ; ce ne sont toutefois le plus souvent que des approximations.

Tab.3: Échelle habituelle pour la représentation d'espaces plus ou moins étendus : 1 cm sur le plan = x cm dans la réalité					

Paysage	Ville	Immeuble	Plan d'exécution	Mobilier	Détail de construction
1:100 000 – 1:2000	1:10 000 – 1:500	1:500 – 1:100	1:50 – 1:20	1:20 – 1:1	1:10 – 1:1

La description et la collecte d'informations techniques permettent de communiquer à tous les utilisateurs, artisans et participants au chantier les spécificités du lieu. Les renseignements sur ce site, qu'on ne pourrait obtenir sans cela que par une visite individuelle et directe, peuvent ainsi être donnés de manière si précise que les informations sur ses propriétés peuvent être transmises à d'autres personnes et les idées d'aménagement réalisées physiquement ailleurs.

Représentation
à l'échelle

Comme base de travail pour l'aménagement, les sites sont représentés à une échelle réduite. On choisit cette dernière aussi bien pour l'aspect pratique et maniable du format (p. ex. sortie d'imprimante) que pour qu'il soit facile de reconnaître les détails indispensables. › Tab. 3

Tous les traits d'un dessin représentent de manière abstraite la nature réelle du site car, sur place, il n'y a pas de lignes mais juste différentes surfaces et divers matériaux, contigus ou superposés. La représentation d'un volume se fait en règle générale par des dessins en deux dimensions : plan, coupe ou élévation. Ces projections orthogonales de surfaces délimitant un volume sont les principaux moyens de description : elles servent à représenter, définir et exprimer un volume. › Ill. 46

La représentation orthogonale renseigne sur les propriétés géométriques et dimensionnelles de l'espace. Elle simplifie et rend sa complexité plus abstraite car elle n'est jamais exhaustive. D'autres examens et descriptions des propriétés d'un volume seront opportuns pour la réalisation d'idées d'aménagement : par exemple, l'absorption sonore, le matériau de la surface (texture, couleur, assemblage), la fréquentation aux différentes heures ou l'histoire du site. Pour ces derniers aspects, il n'existe que de rares méthodes de description et peu d'instruments de mesure adéquats (pour l'intensité lumineuse ou le niveau sonore, par exemple). Les conversations avec les utilisateurs ou les voisins sont souvent une source d'informations utiles et inattendues sur les caractéristiques d'un site.

Simulation

Pour vérifier et communiquer des idées d'aménagement, on représente le futur espace comme s'il existait déjà et en perspective à l'aide d'un

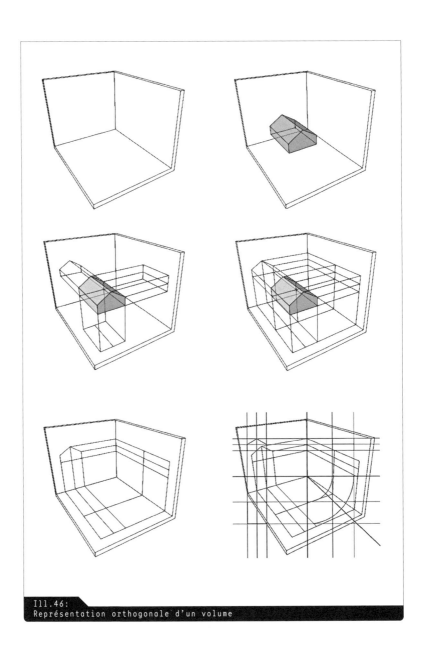

film ou d'une maquette. La plupart du temps, les profanes ne comprennent pas les projections orthogonales; ressemblant davantage à leur perception habituelle, la représentation en perspective ou en modèle réduit est donc d'une grande utilité.

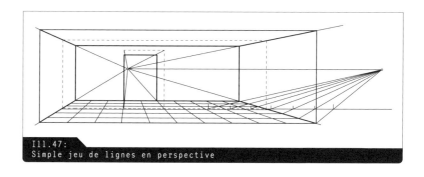

Ill.47:
Simple jeu de lignes en perspective

Ill.48:
Projection d'images de l'environnement construit sur la maquette afin
de tester l'effet du projet

Une vue en perspective peut être très proche de la réalité, une image virtuelle aussi réaliste qu'une photo ou, au contraire, plutôt abstraite, un réseau de lignes. L'image du futur volume est projetée sur un écran, toutes les lignes se rencontrant en un ou plusieurs points de fuite sur l'horizon.
> Ill. 47

Chaque spectateur étant doté d'une capacité d'abstraction différente, une photographie très réaliste peut donner l'impression que le projet est déjà devenu réalité et que ni le commanditaire ni les utilisateurs ne peuvent plus rien y changer. Un croquis à la main peut en donner une idée tout aussi précise, tout en laissant le champ libre aux suggestions et aux modifications.

Les volumes sont aujourd'hui faciles à simuler : grâce à l'informatique, on peut même donner l'illusion du mouvement dans un espace en 3D. On peut changer la position et la hauteur du regard du spectateur, si bien que cela ressemble fortement à sa perception habituelle de l'environnement.

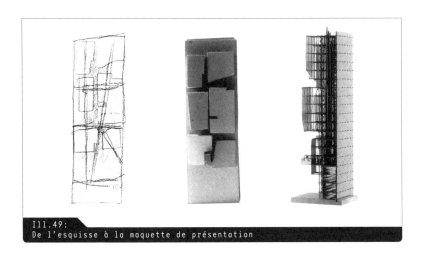

Ill.49:
De l'esquisse à la maquette de présentation

Maquettes

Outre les représentations en perspective, on a souvent recours à des maquettes : elles reproduisent le projet à une échelle réduite. Elles se révèlent très utiles non seulement pour saisir les relations spatiales, les rapports d'échelle, la préparation mais aussi pour communiquer ses idées. Une maquette permet de mieux comprendre un volume, de transmettre plus directement des idées, car elle correspond à notre mode de perception habituel. La position et la hauteur du regard du spectateur sont faciles à modifier. Une maquette permet de donner non seulement des impressions visuelles, mais aussi tactiles de chaque matériau ainsi que de tester les conditions d'éclairage. › Ill. 48

On peut construire des maquettes de volumes ou de certaines parties, par exemple un élément de façade, jusqu'à l'échelle 1:1, afin de tester une exécution précise et de se faire bien comprendre. › Ill. 49

\\ Remarque :
On trouvera dans *Basics Dessin technique* de Bert Bielefeld et Isabella Skiba, *Basics CAO/DAO* de Jan Krebs, *Basics Maquettes d'architecture* d'Alexander Schilling, tous parus aux éditions Birkhäuser, d'autres informations et suggestions à propos de la représentation d'un projet et de la manière d'en transmettre les informations.

COMPOSITION, PROPORTIONS, DIMENSIONS

Tous les moyens et éléments de l'aménagement d'un espace sont réunis dans une composition. Celle-ci est l'œuvre d'un concepteur qui les assemble et les agence. À l'instar d'une composition musicale, les différents éléments sont conçus, composés de manière à entrer en contact les uns avec les autres. Chaque espace ou suite d'espaces est conçu en respectant les contraintes d'utilisation et l'esthétique des concepts et des idées. La nécessité fonctionnelle d'une liaison entre deux points marque la composition autant que l'emplacement d'une voie de desserte ou que la surface nécessaire à une machine. Pour une composition architecturale, on peut se baser sur des règles de géométrie, des systèmes proportionnels, des sensations, une image en deux dimensions, des rapports axiaux à un point ou sur différentes spécificités topographiques d'un environnement.

Ordonnance et hasard

Une grande partie de l'aménagement et de la composition d'un espace se fait au quotidien par la circulation des usagers et de leurs objets mobiles. L'odeur et la voix d'une personne peuvent déjà changer l'impression qu'il dégage. La position des éléments dans un espace existant modifie sans cesse son ordonnance et sa composition. En particulier pour une longue durée d'utilisation, les positions des différents éléments ne sont jamais prévisibles ou planifiables en totalité. Une partie de la composition doit donc être laissée au hasard, son agencement n'étant soumis à aucun contrôle. On prévoit donc souvent, dès le départ, des zones permettant toutes sortes d'utilisation.

> Trouver la forme en l'expérimentant

À côté des modes d'approche rationnels et analytiques, il est possible de créer des espaces intéressants par l'expérimentation : à partir de corps géométriques simples, on peut obtenir des figures complexes en peu d'actions. Des objets rectangulaires en 2D ou des formes géométriques en 3D très étudiés, comme par exemple un dé ou une boule, peuvent être transformés de mille manières en les divisant, les pliant, les reproduisant par symétrie ou suivant toute autre règle géométrique. > III. 50–52

Des matériaux bidimensionnels (carton, bois, métal, etc.) permettent de créer diverses figures tridimensionnelles en fonction de leurs propriétés (rigide ou souple). Ces objets obtenus en tirant parti des qualités du

\\ Exemple:
Dans un immeuble d'habitation, les futurs occupants sont le plus souvent inconnus : il faut donc prévoir la place de leurs meubles (armoire, lit, chaises, etc.). Leur disposition ultérieure échappe dans une large mesure à l'influence du «concepteur».

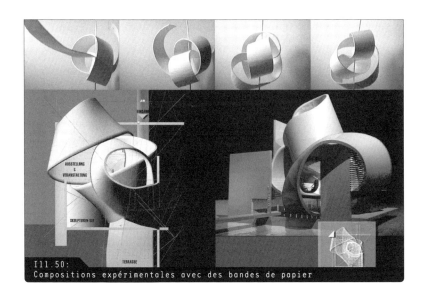

Ill.50:
Compositions expérimentales avec des bandes de papier

Ill.51:
Compositions expérimentales avec des formes naturelles

matériau peuvent être précisés du point de vue qualitatif : dynamique de la tension, effet de lumière sur les surfaces, hasard de la déformation, etc.

Un autre mode de représentation et une réalisation à une autre échelle interviennent à une phase ultérieure (par exemple une animation en 3D) pour aboutir à une image physique de ces objets. On peut poursuivre

Ill.52:
Composition expérimentale obtenue par division et articulation d'une forme géométrique de base

ce processus jusqu'au niveau pragmatique d'un projet concret d'immeuble. Une configuration apparemment née du hasard devient un bâtiment qui laisse deviner ce processus.

En observant différents objets ou coques vides, on obtient des associations d'idées d'où naît un concept initiant un processus de création. Une maquette peut être un média direct pour la transposition d'une idée. Travailler avec ce genre de représentation permet un contrôle immédiat et une rétroaction. Cette interaction entre travail manuel et conception intellectuelle procure une certaine assurance dans le jugement de son propre travail. L'éventail des stratégies de transpositions s'élargit grâce à cette pratique.

Proportions

Les proportions sont les rapports entre la largeur, la longueur et la hauteur d'un espace ou de plusieurs espaces entre eux. Durant de nombreux siècles, la création a été régie par des règles géométriques et des mesures fixes. Un rapport déterminé et ressenti comme harmonieux, comme par exemple le nombre d'or, conditionnait toutes les dimensions d'un espace, tant en plan et en coupe que dans les détails. Un volume basé sur le nombre d'or est en général perçu comme serein et harmonieux. › Ill. 53

Dans l'histoire de l'architecture, il y eut sans cesse de nouvelles tentatives de développement et d'application de théories et de systèmes de proportions universels. Avec le Modulor, Le Corbusier a tenté de donner à tous les éléments d'un espace des proportions communes, basées sur le corps humain. Le nombre d'or et les suites mathématiques (suite de Fibonacci) constituent la base de sa théorie. Des éléments constructifs peuvent aussi engendrer certaines proportions. L'utilisation de briques – le plus petit élément – crée par exemple une grille modulaire qui peut être déterminante pour fixer les dimensions d'une construction. Au Japon, il existe un système traditionnel de mesure, encore utilisé de nos jours, celui du

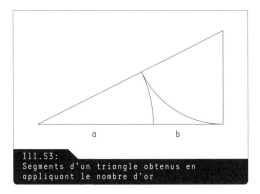

Ill.53:
Segments d'un triangle obtenus en
appliquant le nombre d'or

tatami qui, avec ses dimensions dans un rapport de 1:2 (85 × 170 cm), détermine la taille des pièces. Sa longueur correspond à la taille du Japonais moyen et une pièce traditionnelle japonaise mesure six tatamis.

Contrairement au « pied » utilisé en Angleterre et aux USA et à d'autres systèmes traditionnels de mesure, le système métrique qui domine actuellement n'a plus de rapport avec le corps humain, mais avec la circonférence de la Terre.

Une pièce en forme de cube régulier paraît très calme car toutes ses arêtes sont identiques. Toutes les dimensions sont toujours perçues en liaison les unes avec les autres et par rapport au corps humain. Si l'on double la hauteur, il s'ensuit une forte impression de verticalité. Si on

\\ Remarque:
Deux segments sont dans le rapport du nombre d'or quand le rapport du plus grand au plus petit est le même que celui de la somme des deux au plus grand. La division d'un segment dans le rapport du nombre d'or : a est à b ce que a+b est à a.
Dans la nature et sur le corps humain, ce rapport existe très souvent. Le nombre d'or est aussi bien employé en architecture qu'en art et en musique, où il est considéré comme harmonieux. Converti en chiffres, il est égal à 1,618.

\\ Remarque:
Certaines proportions sont influencées par la production industrielle de masse et par la taille des moyens de transport, tels que les conteneurs de bateaux ou les europalettes. La taille des objets ou appareils est calculée pour une utilisation optimale de ces derniers ; par exemple la surface au sol de l'électroménager influe sur l'aménagement et le dimensionnement des cuisines.

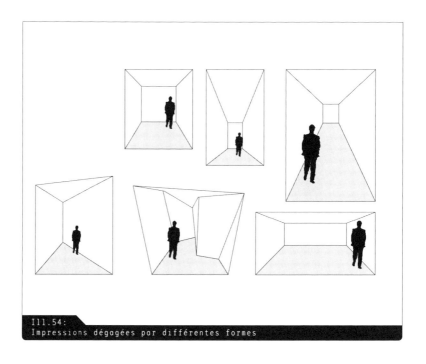

Ill.54:
Impressions dégagées par différentes formes

allonge la pièce, il en résulte une directionnalité qui incite à s'y mouvoir. Si le plafond est si bas qu'on peut à peine se tenir debout, il est ressenti comme surbaissé et oppressant, car il interdit toute modification verticale de la posture. Le même phénomène survient avec un corridor étroit dont la largeur suffit tout juste pour le passage d'une personne. Comme il n'y a pas de possibilité de s'y arrêter, on est sans cesse à la recherche d'une issue. › Ill. 54

Dimensions

On peut se servir des grandes différences dimensionnelles entre les différents types d'espaces et du caractère habituel de certaines proportions pour créer des contrastes. Les proportions des espaces sont toujours en interaction entre elles et par rapport au corps humain. Un immeuble d'une taille habituelle à proximité immédiate d'un autre, immense, donne l'impression d'être plus petit qu'il n'est en réalité. À l'inverse, le plus grand des deux paraît plus haut que s'il était isolé. Si, dans de très grands volumes, on place des éléments plus petits, familiers et d'une taille en rapport avec celle de l'homme, leur caractère imposant est encore renforcé. › Ill. 55

Densité
et vide

Densité et vide sont des aspects importants d'une composition. La densité résulte du nombre de personnes, d'objets, de possibilités

Ill. 55:
Les lustres suspendus à une hauteur habituelle dans la Mosquée bleue reprennent l'échelle humaine. Ils soulignent la grande hauteur de l'édifice sacré en la mettant en rapport avec la taille humaine.

d'associations ou d'activités qu'un espace peut contenir. La sensation du corps au sein d'un espace, c'est-à-dire la distance qui sépare ce corps des limites de cet espace ou qui le sépare des objets, ainsi que la perception cognitive, détermine la sensation de densité ou de vide. Si un espace est ressenti comme trop plein, il est impossible à chacun de déterminer sa position et il en résulte un sentiment d'angoisse (un motif possible de panique de masse). Un certain degré de vide (ou de densité) détermine la sensation individuelle de bien-être sans qu'il soit possible de le mesurer avec précision ou de le rendre applicable à tous les cas. › Ill. 56

Et pourtant, ce degré est mis en œuvre dans l'aménagement d'un espace car il agit de manière identique sur un grand nombre de personnes.

En augmentant l'écart entre les objets ou les immeubles, on réduit la densité et il en résulte une sensation de vide accrue. Manquent alors les coordonnées nécessaires qui permettent de situer un point dans l'espace à partir de mesures et d'espacements. Seule l'interaction de différents éléments situés à une distance appréciable les uns des autres crée un espace. Dans le désert, dans l'obscurité complète ou en pleine mer, il n'y a aucune limite visible, si bien que l'espace paraît si vide qu'il en devient menaçant.

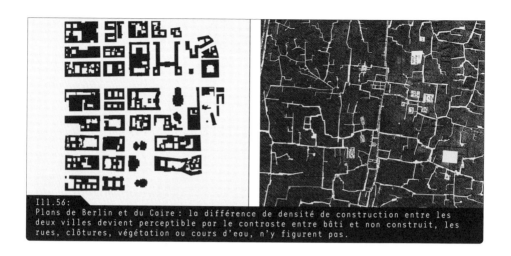

Ill.56:
Plans de Berlin et du Caire : la différence de densité de construction entre les
deux villes devient perceptible par le contraste entre bâti et non construit, les
rues, clôtures, végétation ou cours d'eau, n'y figurent pas.

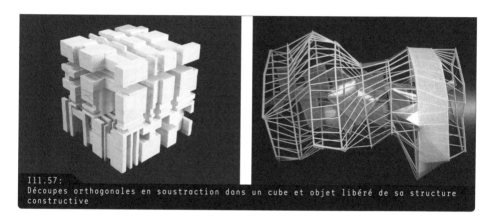

Ill.57:
Découpes orthogonales en soustraction dans un cube et objet libéré de sa structure
constructive

ESPACE, FORME, STRUCTURE

Qu'un aménagement soit déterminé de manière constructive ou formelle, sa structure tectonique dépendant de la gravité influe dans tous les
cas sur sa forme.

La structure porteuse d'un immeuble peut être conçue comme une
surface massive sans élément constructif apparent ou sous forme de
treillis sous tension. › Ill. 57

Des espaces se fondant les uns dans les autres ou des formes géométriques clairement délimitées, des vides obtenus par soustraction, des cellules
dans un espace plus grand, des limites orthogonales ou librement disposées
engendrent des structures variées qui confèrent à l'espace une forme particulière, unique.

LIMITES ET LIAISONS

La création de limites est un des moyens fondamentaux pour aménager un espace. Ces limites divisent et répartissent en zones l'espace infini à la surface de la Terre. S'il y en a plusieurs à le circonscrire en largeur, longueur et hauteur, il s'agit d'une enveloppe. Les deux faces d'une seule limite linéaire engendrent un intérieur et un extérieur. Une enveloppe protège du froid ou de la chaleur, de l'humidité ou du bruit ainsi que des regards d'autrui. Son degré de perméabilité entre intérieur et extérieur dépend de son degré d'ouverture ou de fermeture.

La nature et la division des surfaces limitrophes déterminent l'aspect ouvert ou fermé, les conditions d'éclairage ainsi que les rapports de taille. Les divisions font davantage apparaître les sols, les parois et les plafonds car les ombres qui en résultent en soulignent les limites.

Les liaisons inter-espaces et entre extérieur et intérieur s'effectuent par des ouvertures dans les murs extérieurs ou dans les pièces indépendantes. Elles permettent d'accéder ou de regarder dans les espaces voisins et relient ces derniers horizontalement ou verticalement. L'enveloppe est comme une membrane perforée par des portes et des fenêtres. Le nombre et la forme de ces liaisons, la perméabilité de cette membrane, sont d'importants moyens d'aménagement : ils déterminent l'impression que donne l'espace. › Ill. 58–62

Pour appréhender l'impression suscitée par les ouvertures, il est important de déterminer si elles autorisent seulement la vue ou aussi le passage, c'est-à-dire comment et dans quelle mesure le franchissement de leurs limites est possible. Les ouvertures vers l'extérieur permettent en outre à la lumière du jour et à l'air frais d'entrer et assurent ainsi les changements de température. Les fenêtres rendent possible la vue au-delà des limites, et ce, dans les deux sens. Les portails sont destinés au passage des voitures tandis que les portes, adaptées à la taille humaine, doivent inviter les hôtes à entrer tout en assurant la protection de la sphère privée en empêchant les visites inopportunes. Aussi les baies sont-elles souvent agencées de manière à pouvoir faire varier légèrement le degré d'ouverture grâce à des portes, des rideaux, des jalousies ou des volets.

📎

\\ Remarque :
La force de gravitation et le cheminement des
charges peuvent être rendus apparents, voire
soulignés ou encore disparaître derrière
d'autres éléments.

Ill.58:
Source lumineuse de face, sur un côté : forts contrastes sur les murs et le sol. La lumière est éblouissante.

Ill.59:
Éclairage zénithal : une lumière uniforme depuis le haut diminue la profondeur de la pièce. Malgré la grande taille de l'ouverture, on a une impression d'enfermement car il n'y a pas de liaison visuelle avec les espaces voisins.

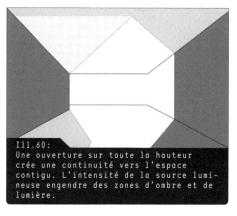

Ill.60:
Une ouverture sur toute la hauteur crée une continuité vers l'espace contigu. L'intensité de la source lumineuse engendre des zones d'ombre et de lumière.

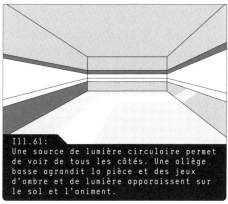

Ill.61:
Une source de lumière circulaire permet de voir de tous les côtés. Une allège basse agrandit la pièce et des jeux d'ombre et de lumière apparaissent sur le sol et l'animent.

Si une ouverture mesure 70 × 200 cm et qu'elle est surmontée d'un linteau, cela donne l'impression d'un espace fermé et séparé de son voisin ; à l'inverse, si sa largeur est doublée tandis que sa hauteur atteint le plafond, la limite semble supprimée entre les deux espaces. La continuité des revêtements au sol et au plafond accentue cette impression. Par rapport à une fenêtre avec allège, une baie descendant jusqu'au sol paraît plus grande. Des fenêtres en bandeau montant jusqu'au plafond soulignent l'horizontalité. Une baie vitrée de la hauteur de la pièce abolit presque complètement la limite entre intérieur et extérieur au point qu'on n'a plus l'impression d'être à l'intérieur et que la pièce semble se prolonger loin au-dehors. Ôter les arêtes, c'est-à-dire les bordures ou les encadrements, confère une forte

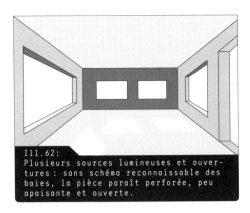

Ill.62:
Plusieurs sources lumineuses et ouvertures : sans schéma reconnaissable des baies, la pièce paraît perforée, peu apaisante et ouverte.

sensation d'ouverture et souligne les diagonales de la pièce. Cette absence diminue la sensation d'enveloppement, elle donne à la construction un aspect plus fragile et moins serein.

La position et l'orientation des ouvertures divise murs et dalles en surfaces horizontales et verticales. Les découpes dans les parois, planchers ou plafonds donnent aux zones visibles des espaces contigus l'aspect de tableaux ou de parties intégrantes de leur espace, les huisseries des portes et des fenêtres se muant en cadres.

Les espaces avec escaliers, rampes, ascenseurs ou échelles deviennent verticaux grâce à des jours dans les planchers et les plafonds. Les liaisons verticales sont des éléments diagonaux servant au déplacement; ils peuvent y inciter ou donner une impression d'inquiétude. Pour des raisons soit esthétiques soit constructives, la surface inclinée d'une rampe ou les marches horizontales d'un escalier peuvent être situées dans un espace ouvert ou séparé; cette seconde solution, pour éviter la propagation du

> 🔖
Liaisons
verticales

🔖
\\ Remarque:
Les seuils des portes marquent la transition entre intérieur et extérieur. Dans les bâtiments historiques de nombreuses civilisations, ils sont souvent confectionnés de manière à marquer clairement ce passage et son caractère de limite. Un seuil élevé ou peint souligne cet espace dans l'épaisseur du mur. De nos jours, il convient de respecter les règles d'absence de seuil.

Ill.63:
Liaison verticale : cage d'escalier
avec jour central dans un immeuble de
bureaux

bruit ou du feu (cage d'escaliers, d'ascenseur). › III. 63 La forme du jour d'escalier souligne et renforce les liaisons verticales et diagonales, facilitant ainsi la distribution et la diffusion de la lumière.

Des locaux très hauts peuvent s'étendre en partie sur deux niveaux. S'ils sont ouverts vers l'espace supérieur (galerie) les deux espaces fusionnent pour n'en former qu'un seul avec des zones de différentes hauteurs. Une autre possibilité de liaison verticale est la délimitation de chaque niveau par une demi-cloison comme cela se passe en cas de niveaux décalés (*split-level* en anglais).

ALIGNEMENT OU SUPERPOSITION

Là où se termine la surface d'un matériau ou celle d'un objet en 3D, il est possible de distinguer la surface qui se trouve à côté, devant ou derrière. La nature de l'alignement, de l'empilement, détermine les espaces et leur profondeur. On peut également constater les modifications ou les différentes époques.

🔍
\\Exemple:
Une rangée de piliers divise une longue façade
en sections multiples, dont les dimensions se
rapprochent davantage de celles de l'homme que
son extension totale qui, sans cela, paraîtrait
démesurée. Ces piliers lui donnent un rythme
qui incite à la longer.

Les éléments disposés les uns derrière les autres dans un espace peuvent être positionnés de manière à jouer sur l'impression de profondeur. C'est le cas d'éléments de bâtiment alignés ou empilés afin de diviser un espace en plusieurs zones ou sections et de rendre perceptible leur extension. › Ill. 64

Étagement

En raison de la gravitation, la répartition verticale est aussi un principe de base de l'aménagement d'un espace. Les bâtiments naissent de la superposition verticale de différents éléments de construction. Cet empilement souligne la force de gravité et la verticalité. La lisibilité de son organisation intérieure rend la structure transparente. Les façades des tours sont ainsi en général rythmées verticalement par des ouvertures, des corniches ou des allèges pour en souligner la hauteur.

Superposition et transparence

La lisibilité des différentes strates, apparues à diverses dates, et que l'on peut repérer en observant les surfaces, mais aussi les éléments d'ancienneté variée, rend perceptible l'histoire et la genèse d'un espace. Certains éléments fournissent des informations sur son passé, et incitent l'appareil cognitif à faire des associations d'idées et à se représenter l'ancienneté de l'espace, des événements passés ou d'anciens occupants. En laissant visibles ces traces lors de la rénovation d'un bâtiment existant, on l'inscrit dans la durée du temps qui passe. Les villes, les espaces urbains et les paysages sont très souvent composés de strates où se superposent différents agencements délibérés et d'autres nés du hasard, ce qui ne crée pas un effet de transparence, mais plutôt de labyrinthe.

TRANSPARENCE

Ce que les enveloppes laissent entrevoir de ce qu'elles recouvrent dépend de leurs ouvertures et de la quantité de lumière qu'elles laissent passer. Transparence et enveloppement sont deux des moyens mis en œuvre

I11.65:
Les reflets sur une vitre peuvent réduire l'impression de transparence en engendrant des images changeantes selon la lumière.

lors de l'aménagement d'un espace pour varier le degré d'intimité ou d'accès public. Une fenêtre vitrée est transparente, un rideau laisse apparaître des ombres à contre-jour, tandis qu'un mur est totalement opaque et ne laisse rien paraître de ce qui se trouve de l'autre côté.

Des espaces ou des suites d'espaces bien saisissables dans leur extension, leur nature et leur agencement engendrent une impression de transparence. La possibilité pour l'occupant ou le visiteur de se situer, de s'orienter et, par exemple, de trouver facilement l'entrée ou la sortie fait paraître cet espace transparent. De même, si un regard à l'intérieur permet de découvrir son usage et son plan, on le ressent comme transparent.
> Ill. 65

CHORÉGRAPHIE DE L'ESPACE

La chorégraphie spatiale désigne une façon d'organiser l'espace fondée sur la succession de différents espaces. Elle influence les déplacements et le comportement des utilisateurs. En règle générale, un espace est perçu pendant que les utilisateurs ou les spectateurs le traversent; bien que libres, leurs déplacements sont influencés par sa nature. > Ill. 66

Si à un long couloir étroit succède une pièce ronde, sans orientation particulière, et que celle-ci est à son tour suivie d'une cage d'escalier haute de plusieurs étages, cette suite d'espaces produit une chorégraphie pleine de contrastes; cela n'est guère apaisant, mais étonne et donne envie de connaître les étages supérieurs. Le vestibule étroit et bas d'une église, qui

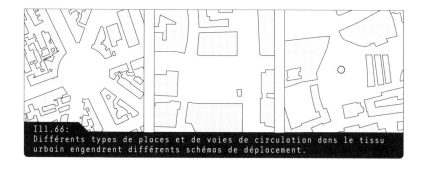

Ill.66:
Différents types de places et de voies de circulation dans le tissu urbain engendrent différents schémas de déplacement.

fait office de sas entre l'intérieur et l'extérieur, est sciemment conçu pour impressionner les visiteurs et renforcer l'impression de l'espace principal. En calculant les proportions et la nature des suites d'espaces, on peut influer sur le comportement et sur la circulation des visiteurs. Un espace peut être mis en scène de manière à inciter les usagers à se comporter comme des acteurs de théâtre, en accord avec le décor, comme on tente de le faire, par exemple, dans les fêtes où l'on met à dessein les hôtes dans une situation inhabituelle et dans une ambiance particulière. On peut aménager une suite d'espaces de manière si intéressante qu'elle en émoustille tous les sens. Il est possible d'aménager des locaux, tant horizontalement que verticalement, de manière à engendrer des mouvements rectilignes, coudés ou courbes, rapides ou lents.

Les villes médiévales paraissent souvent labyrinthiques car elles suscitent une grande variété d'impressions, s'adressent à tous les sens en même temps et mettent au défi nos capacités motrices. Nos mouvements y sont rarement rectilignes, ils sont soumis à de nombreux changements de direction et consistent en une suite de parcours plus ou moins longs dans des sites divers. Les places de ces villes incitent à s'y arrêter et non à s'y déplacer (d'autant plus que les voitures n'y représentent pas un danger). Les espaces urbains et les immeubles actuels, adaptés à la mobilité des

\\ Exemple:
Une enfilade d'espaces que l'on distingue rend curieux et incite à les visiter. Dans une pièce isolée dotée de deux ouvertures, on va de la porte à la fenêtre, c'est-à-dire vers la lumière, puis on revient sur ses pas. Lorsqu'il y a deux portes dans une pièce vide, on passe d'une porte à l'autre en ligne droite.

Ill.67 :
Espaces de circulation : varié ou monotone (station de métro)

voitures, ne sont conçus ni pour les piétons ni pour les cyclistes, ils paraissent monotones et fatigants. › Ill. 67

À cause de la pesanteur, les déplacements verticaux sont plus pénibles
que les horizontaux. Aussi le confort, le rythme et la durée de la montée
ou de la descente sont-ils déterminants dans l'aménagement d'escaliers et
de rampes. Des paliers permettent de faire des pauses pour reprendre son
souffle à la montée, de changer de direction ; ils divisent le déplacement
vertical en plusieurs sections.

Le schéma des flux prévisibles dans un espace permet aussi d'en
déterminer la forme. Les diagrammes indiquent les déplacements réguliers
les plus importants, ils constituent les paramètres en fonction desquels
la forme d'un lieu est déterminée ainsi que, dans la mesure du possible,
celle de son enveloppe ; si bien que la direction, la quantité, l'intensité et
la vitesse de ces déplacements en régissent l'aménagement. La forme d'un
bâtiment est conçue en fonction des différents flux prévus aux différents
moments, tout comme celle des meubles, des objets ou des machines est
empiriquement déterminée en fonction des mouvements prévus ; dans les
deux cas, la forme vise à être la plus adaptée possible.

OMBRE ET LUMIÈRE

Pour le commun des mortels, la lumière est la partie visible des ondes
électromagnétiques. Pour les physiciens, par contre, le terme «lumière»
englobe tout le spectre de ces ondes. La lumière du jour est engendrée par
le soleil et la lumière artificielle, par différentes sources d'énergie électrique ; les deux sont réfléchies par les surfaces entourant un lieu. Comme un
espace n'est visuellement perceptible que lorsque ses limites sont visibles,
son aménagement comprend toujours aussi son éclairage. Les surfaces qui
le délimitent réfléchissent plus ou moins bien la lumière incidente, elles
rendent perceptible l'extension de l'espace et permettent à chacun de se
› situer en son sein.

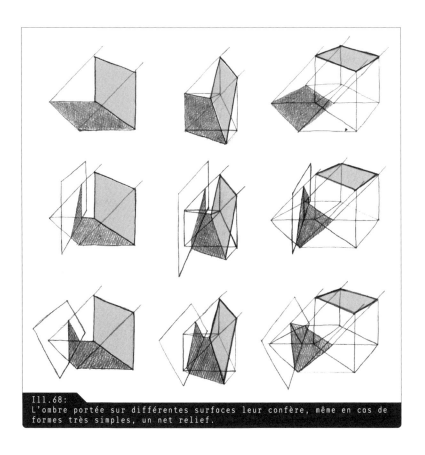

Ill.68:
L'ombre portée sur différentes surfaces leur confère, même en cas de formes très simples, un net relief.

Sans surfaces limites, sans objets, sans substances en suspension ou sans humidité dans l'air pour la réfléchir, il n'est pas possible de percevoir la lumière. Celle-ci ne traverse les tissus et les surfaces opaques que de manière restreinte, voire pas du tout. Variable suivant la position, l'intensité et l'orientation de la source lumineuse, une ombre est toujours produite. › Ill. 68

\\ Remarque:

Le spectre visible de la lumière s'étend de 380 à 780 nanomètres (nm) environ de longueur d'onde, ce qui correspond à une gamme de fréquences allant de 789 à 385 THz environ. Il n'est pas possible de donner une limite exacte car la sensibilité de l'œil humain ne connaît pas de seuil abrupt mais diminue progressivement.

Tab.4: Longueurs d'onde des couleurs spectrales de la lumière (en nm)					
violet	**bleu**	**vert**	**jaune**	**orange**	**rouge**
380–420	420–490	490–575	575–585	585–650	650–750

Tab.5: Éclairements normaux en lux (Europe centrale)	
Journée estivale ensoleillée	100 000 lx
Journée estivale nuageuse	20 000 lx
Journée hivernale couverte	3500 lx
Studio TV	1000 lx
Pièce avec éclairage de bureau	750 lx
Éclairage de corridor	100 lx
Éclairage de rue	10 lx
Bougie distante de 1 m	1 lx
Nuit de pleine lune	0,25 lx

Couleurs de
la lumière

> 🗋 > 🗋

> 🗋

Au sein du spectre visible par l'homme, la lumière se décompose en plusieurs couleurs de lumière spectrale. La teinte de cette lumière est déterminée par la longueur d'onde du spectre continu maximum et par la température de couleur (TCP), mesurée en kelvins (K). > Tab. 4

Comme pour les couleurs, la perception de la lumière varie beaucoup d'un individu à l'autre, si bien qu'il est difficile de bien s'entendre à ce sujet ; la quantité de lumière est donc mesurée. > Tab. 5

🗋

\\ Remarque:
Les filaments d'une lampe à incandescence émettent, du fait de leurs ondes d'une longueur assez stable, un spectre continu semblable à celui de la lumière du soleil.

🗋

\\ Remarque:
La lumière, comme le son ou les émissions de gaz, est un facteur environnemental. Les nuisances lumineuses des luminaires peuvent occasionner une gêne importante pour les hommes et les animaux, voire entraver certains processus techniques.

I11.69:
Une lumière zénithale sur un côté confère à la pièce plus de relief.

Ombre et lumière sont des moyens importants pour l'aménagement d'un espace; ils sont influencés aussi bien par le choix de la source lumineuse que par celui de la surface délimitant cet espace. La lumière varie selon le moment de la journée et la période de l'année : elle fait donc partie des éléments non stables. En tant que moyen d'aménagement de l'espace, l'éclairage doit donc être conçu de manière à pouvoir s'adapter aux diverses utilisations et à tous les moments. Vis-à-vis de la lumière du jour, un espace peut être ouvert ou fermé pour répondre à une utilisation ou à un besoin particuliers. Suivant la position et le type de l'ouverture, l'aspect de l'espace se modifie.

\\ Remarque:
Les unités de mesure de la lumière sont les suivantes : La candela (chandelle en latin) pour mesurer l'intensité lumineuse, c'est-à-dire l'éclat perçu par l'œil humain d'une source lumineuse ; c'est l'unité photométrique de base (cd) pour les luminaires; le lumen (lumière en latin) pour mesurer le flux lumineux, la puissance (lm); le lux mesure l'éclairement lumineux, c'est-à-dire la quantité de lumière reçue sur une surface donnée (lx) ; le luxmètre reçoit cette énergie de rayonnement et la transforme en signal électrique.

CHALEUR, HUMIDITÉ, SON, ODEUR

Les conditions physiques d'un espace font également partie des moyens d'aménagement; ces moyens doivent être utilisés de manière dynamique car ils changent sans cesse. Les conditions extérieures évoluant constamment, le choix de la qualité de l'enveloppe, c'est-à-dire de la membrane entre extérieur et intérieur, déterminera les conditions régnant à l'intérieur.

Chaleur

La conductibilité thermique d'un matériau mesure sa vitesse d'absorption de la chaleur émanant d'un corps chaud ou de l'air ambiant ou le temps nécessaire pour que les températures intérieure et extérieure s'équilibrent. Si la conductibilité des matériaux ou leur température de surface sont très différentes, cela peut engendrer des flux d'air ressentis comme désagréables et donc une impression de pièce froide alors que celle-ci est suffisamment chauffée. Pour les parties d'un bâtiment qui sont constamment touchées par ses occupants (sol, poignées de porte, sièges, etc.), il faut aussi veiller à leur degré de conductibilité thermique pour qu'elles soient agréables à vivre (par exemple, marcher pieds nus dans le salon).

La température d'une pièce doit être adaptée à son usage puisque, pour un travail physique par exemple, on peut se contenter d'une température plus basse que pour un travail de bureau. Les personnes âgées ont en général aussi davantage besoin de chaleur que les jeunes et, de plus, la perception de la chaleur diffère d'une personne à l'autre. En matière de chauffage, on distingue entre rayonnement direct, qui frappe la peau (comme par exemple le soleil ou les radiateurs) et convection par l'air de la pièce. De plus, notons que le taux d'humidité d'un local dépend aussi de sa température.

Humidité

L'enveloppe et l'air ambiant absorbent de la vapeur d'eau. L'humidité atmosphérique est la quantité de vapeur d'eau contenue dans le mélange de gaz entourant la Terre ou dans l'air d'une pièce. Le taux d'humidité relative renseigne sur le degré de saturation de l'air par la vapeur d'eau.

\\ Exemple:
La chaleur corporelle d'une main se transfère plus vite à une pierre qu'à un morceau de bois. Du fait du refroidissement plus rapide de la main, la pierre semble plus froide que le bois, même s'ils présentent la même température de surface.

\\ Remarque:
Un taux d'humidité relative de 50 % signifie que l'air ne contient que la moitié de vapeur d'eau qu'il pourrait contenir à une température donnée. Avec un taux de 100 %, l'air est totalement saturé ; si l'on dépasse ce taux, l'humidité se dépose sur les surfaces sous forme d'eau de condensation ou se mue en brouillard.

Tab.6: Temps de réverbération pour certaines fonctionnalités (fréquences de 100 à 500 Hz)			
Studios d'enregis-trement et régies	**Salles de classe ou de conférence**	**Bureaux paysagers**	**Salles de concert (suivant le type de musique)**
< 0,3 sec.	06-0,8 sec.	0,35 sec.	1,5-3,0 sec.

Lorsqu'on pénètre dans un local, la peau ressent très vite l'humidité qui y règne. Cette humidité relative est importante pour le bien-être et aussi pour la santé. Un taux d'hygrométrie élevé fixe la poussière mais, si on le réduit, cela provoque le dessèchement des muqueuses, ce qui peut entraîner certaines affections. Les surfaces humides favorisent souvent la formation de moisissures malsaines.

Son

Grâce à un aménagement acoustique adéquat, on peut réduire les bruits qui dérangent. La nature de l'enveloppe détermine le degré de protection contre les bruits de l'extérieur vers l'intérieur et vice versa. L'efficacité acoustique des matériaux dépend de leur niveau d'absorption qui va de 0 (aucune) à 1 (totale). Ce degré dépend à la fois du matériau et des fréquences incidentes. On distingue en outre deux modes de fonctionnement :

_ Avec les absorbeurs poreux (ou résistifs), le son pénètre dans les pores où son énergie se transforme en chaleur par frottement, si bien que le son réfléchi en est diminué d'autant.
_ Les absorbeurs à membrane, quant à eux, reçoivent les ondes sonores et entrent en résonance, ce qui réduit la réflexion.

Le facteur le plus important en acoustique est le temps de réverbération : il s'agit de la durée mise par un phénomène sonore avant de ne plus être audible. Il est à déterminer selon l'usage qu'on fait du local. › Tab. 6 Dans une salle de concert, une excellente acoustique est absolument nécessaire et pour les auditeurs et pour les musiciens ; toutefois, bien d'autres locaux fonctionnels, les bureaux paysagers par exemple, requièrent une certaine qualité acoustique. Les grands bâtiments sacrés se caractérisent la plupart du temps par leur temps de réverbération élevé et leur forte réflexion sonore ; en revanche, les locaux où les sons paraissent étouffés donnent l'impression d'être petits et resserrés.

Odeur

Les senteurs dégagées par les matériaux et les autres personnes influent sur les sentiments de chacun lorsqu'on reste dans un local commun (bibliothèque, église, école, vestiaire, etc.). En présence d'une forte odeur, tous les autres aspects du lieu sont relégués à l'arrière-plan et le rendent déplaisant. Par contre, si elles sont associées à quelque chose de positif, des senteurs variées peuvent agrémenter un séjour.

MATÉRIAU, TEXTURE, ORNEMENT ET COULEUR

L'effet produit par les surfaces d'un local est déterminé par l'ensemble des matériaux utilisés. À côté de leurs qualités matérielles spécifiques, telles que texture du matériau ou de la surface, les propriétés plus cachées contribuent elles aussi à l'impression donnée par l'espace. › Tab. 7

La texture des matériaux dépend tout d'abord de leur fabrication, industrielle ou artisanale, mais aussi de l'usage, de l'usure et de l'exposition aux intempéries. La plupart du temps, on peut en varier l'aspect : rugueux, fin, lisse, mat, brillant, etc.

Outre les conditions d'éclairement et d'acoustique, la texture des surfaces influe aussi sur la température et le degré d'hygrométrie d'un local.

Une vibration de parois en fonction des mouvements de l'occupant d'une pièce peut donner à celle-ci un caractère accueillant et agréable, à l'instar de vêtements confortables.

Nouveaux matériaux

On invente, on développe et on met sans cesse en œuvre de nouveaux produits, tels que les composites ou les nanomatériaux. La nanotechnologie permet d'obtenir des surfaces, couches ou textures pour certains usages particuliers. Les modifications de structure se situant dans l'infiniment petit, elles sont invisibles à l'œil nu.

On produit également de nouveaux mélanges de matériaux offrant de meilleures qualités constructives : les composites. Des expériences avec de nouveaux agrégats ont permis, par exemple, de développer un béton transparent. Le fer des armatures du béton armé est parfois remplacé par des matières plastiques, ce qui permet de diminuer l'épaisseur des dalles.

Tissus et papiers peints

Tissus et papiers peints ne sont pour le moment utilisés en décoration que de manière limitée, car leur usure est rapide. À l'instar des meubles, on peut déplacer les tissus et les textiles et les utiliser successivement à divers endroits. Leur souplesse, leur légèreté, leur texture variée

---

\\ Astuce :
Il est possible de présenter les différents matériaux en en collant des échantillons ; les matériaux trouvés sur place ou que l'on prévoit d'utiliser peuvent ainsi être touchés et vus dans leur contexte.

\\ Remarque :
Pour ce qui est de l'élasticité, de l'acoustique et même de l'absorption de la chaleur, un sol constitué d'un plancher en bois soutenu par des solives est très différent d'une chape sur une dalle en béton armé ou sur une plaque d'acier.

Pierre naturelle	Blocs artificiels	Bois	Verre	Fibres naturelles et tissus	Métal	Plastiques et composites	Autres
Roches plutoniques ou volcaniques : Gabbro Granit Diorite Basalte Diabas Pierre ponce Lave de basalte Porphyre Morceau de lave — Roches sédimentaires : Schiste Calcaire (silico-calcaire, travertin) Conglomérat Dolomite Grauwacke Grès Quarzite — Roches métamorphiques : Gneiss Marbre Quartzite Ardoise	Brique de terre crue ou cuite Brique silico-calcaire Plaques d'argile (Cotto) Brique en limon Bloc moulé / béton (ciment, eau, sable ou gravier) - coulé sur place - terrazzo - béton préparé - parpaing - dalles - marbre aggloméré - béton transparent - brique en chaux et ciment Céramique Quartz	Conifères Feuillus (aussi arbres fruitiers et racines) Bois tropicaux Bambous Paille Roseaux Bois reconstitués de toutes sortes Fibres de bois Liège Coques de noix de coco	Verre industriel Verres de sécurité feuilletés (VSG) Verre à vitre Tubes de verre Verre armé Laine de verre Brique de verre Fibres de verre Mosaïque de verre Perles de verre	- Feutres et non-tissés - Tissus - Tressages Fibres animales (tissées/tournées) Laines (mouton, alpaca, lama, angora,, cachemire, poil de chameau, mohair) Poils (chèvres, bovins, yak, chevaux) Soies (mûrier, vers à soie tussah, moules) Corne Peau Cuir Fibres végétales : Lin Ramie Noix de coco Coton Kapok Ortie Chanvre Jute Sisal Bambou Herbes (tapis)	Fonte, métal laminé Alliages Fer (acier, acier inoxydable) Cuivre Plomb Nickel Aluminium Zinc Étain Titane Argent Or Métal massif (tuyaux, barres) Plaques Fils de fer Tissés Films Plaquages Mousses	Bauge Linoléum Asphalte Résine époxy Plexiglas Verre acrylique Mousses Laine minérale Films Résines (en couches) Thermoplastiques - Polyéthylène - Nylon - PET - Polystyrène - Polyamide - Polyester - Polypropylène Thermodurcissables - Polyester - Bakélite - Nylon - Polyuréthane - Résine synthétique - Résine époxy - Mélamine Élastomères - Caoutchouc - Polyuréthane	Composés minéraux Crépis à la chaux, au ciment ou au plâtre Nouveaux matériaux Nanomatériaux (de 1 à 100 nm) Peintures (acryliques, résines artificielles) Matériaux fibreux Microfibres Fibres minérales Amiante Fibres de polymères naturels Viscose Polyamide (Nylon) Modal Carton Papier Papier peint Pâte à papier Fibres chimiques et céramiques

et le grand choix de couleurs en font des moyens privilégiés pour l'aménagement et la décoration de parois, de plafonds, de sols ou de meubles ou encore comme pare-soleil. Les textiles et les tissus (avec leur composition) les plus courants en décoration sont les suivants :

_ tapis (sols et parois) : laine, coton, soie, jute, sisal, synthétiques
_ tapisseries, tentures (murs et plafonds) : laine, coton, soie, lin, métal
_ rideaux (intérieur et extérieur) : coton, laine, plastiques, soie, lin, métal tissé
_ revêtements et coussins (meubles) : laine, coton, soie, lin, synthétiques

Contrairement à la pierre, la brique ou le métal, les textiles et les papiers peints semblent agréables et familiers à beaucoup de gens, et ce, de par leur texture ressemblant à celle des vêtements. Ils sont la plupart du temps doux et faciles à déplacer ; comme ils ne soutirent pas de chaleur au corps humain, ils sont agréables au toucher.

En outre, textiles et étoffes sont de bons absorbeurs sonores car leur surface est constituée de nombreux pores ouverts. De plus ils bougent avec les mouvements d'air, servent de pare-soleil ou de protection contre la pluie.

Ornements

On qualifie d'ornement (du latin *ornare*, orner, décorer) le motif accessoire (abstrait ou figuratif) d'une composition ou l'objet sans utilité pratique qui s'ajoute à un ensemble. Comme décoration d'un élément ou d'une surface, il peut constituer une division, engendrer un rythme. Un ornement peut en outre transmettre un message, agir comme une inscription. Les papiers peints et les tentures sont souvent décorés de motifs mais les pierres naturelles peuvent aussi présenter une veinure spectaculaire qui fait l'effet d'une décoration. Dans le plan d'une ville, des immeubles de même forme à espaces réguliers engendrent aussi des motifs. Les joints d'un carrelage au sol peuvent former un dessin qui sera perçu comme ornement. › Ill. 70

> 🖇

🖇
\\ Remarque :
Du fait de l'interdit de reproduire l'image humaine en terre d'Islam, on y a développé des ornements complexes et variés d'une finesse extraordinaire qui ont été utilisés en décoration et sur les textiles.

Ill.70:
Ornements sur la voie publique

De nombreux motifs abstraits s'inspirent de formes naturelles. Un ornement peut aussi bien être peint sur une surface que constituer un élément tridimensionnel rythmant une paroi ou un volume. Dans les églises gothiques, les piliers et les murs sont pourvus de décors et de modénatures qui, par leurs jeux d'ombre et de lumière, en soulignent la plasticité.

Les ornements sont souvent utilisés pour rythmer de grandes surfaces ou d'imposants volumes qui, sans eux, paraîtraient trop grands, trop
vides ou même trop oppressants. Ils les divisent en parties ou en zones
à taille humaine et rendent ainsi le positionnement et l'orientation plus
faciles aux visiteurs. Grâce à leurs stimuli visuels et tactiles, ils font disparaître, ou du moins atténuent, l'impression de vide. Par contre, des ornements trop variés, trop marqués ou trop en relief relèguent la sensation
d'espace à l'arrière-plan.

Couleurs

Toute paroi réfléchit la lumière, qu'elle soit naturelle ou artificielle,
et nos sens la perçoivent en couleurs. Cet effet dépend du matériau, de
sa texture et de la nature de sa surface. D'intensité variable, la couleur
globale d'un volume dépend de son éclairement, du degré et de l'angle de
réflexion, ainsi que de la nature de la teinte de ses surfaces.

Les différences de teinte permettent de diviser un espace en différentes parties ou zones, d'en souligner ou d'en atténuer l'orientation. Une
pièce peinte en blanc avec un sol noir semblera plus haute que si on fait
l'inverse. La perception des parois varie aussi suivant leur teinte : des couleurs claires, peu contrastées font paraître les pièces plus vastes que des
couleurs sombres, tranchantes, car l'éloignement du spectateur par rapport aux parois est moins discernable.

L'impression de profondeur peut être accentuée en optant pour des
teintes plus froides et des contrastes moins marqués dans le fond.

MEUBLES – ÉLÉMENTS FIXES ET MOBILES

En général, tous les objets qui, entre leurs surfaces, forment des
espaces, constituent des éléments servant à l'aménagement. Ces objets
peuvent être fixes ou mobiles. Faisant partie de la structure porteuse, les
piliers sont des éléments intégrés à la construction, tandis que l'on peut

\\ Remarque :
Comme l'effet coloré de la lumière réfléchie
dépend de l'œil de chacun, il est difficile
de parler des couleurs. Pour déterminer sans
ambiguïtés une couleur, on a donc recours à des
nuanciers et à des échantillons.

\\ Remarque :
La couleur influe sur la durée du séjour dans
une pièce. L'expérience montre qu'on reste
moins longtemps dans une pièce d'un orange-
jaune-rouge intense que dans une autre, peinte
en blanc verdâtre. Les chaînes de restauration
rapide utilisent ce subterfuge : le décor dans
ces teintes vives incite les clients à ne pas
s'attarder une fois leur repas achevé et à
libérer ainsi la place pour de nouveaux arrivants.

choisir librement la position des meubles. Les volumes sont marqués par l'interaction de tous leurs éléments. Même si l'un de ces derniers est plus puissant que les autres, le volume n'en reste pas moins marqué par l'ensemble d'entre eux. Leurs surfaces déterminent plusieurs espaces qui mettent ces éléments en rapport les uns avec les autres. › Ill. 71

Meubles

Les meubles servant à l'aménagement d'un espace peuvent être fixes (voire intégrés dans l'enveloppe) ou mobiles. Ils constituent une structure secondaire souple à l'intérieur de la structure primaire, l'enveloppe. Les meubles sont les éléments qui permettent à l'usager de s'approprier un espace. › Ill. 72

Ils établissent des rapports autonomes : une table, par exemple, reçoit plusieurs chaises, un groupe de meubles engendre un espace propre au sein d'un ensemble plus vaste. L'atmosphère qui se dégage de la structure primaire, son expressivité, peuvent être profondément modifiées par le mobilier ou, au contraire, soulignées et renforcées.

Du fait de leurs dimensions, les meubles incitent à les utiliser, à les toucher. Comme on peut, grâce à eux, créer facilement des zones adaptées à la taille humaine et utilisables dans la vie de tous les jours, on les utilise volontiers comme moyens d'aménagement dans les très grands volumes. Dans les bâtiments publics, les appartements ou les bureaux, les éléments mobiles qu'ils constituent servent souvent à articuler l'espace et à l'adapter aux diverses utilisations. Grâce à eux, il est possible d'augmenter ou de diminuer rapidement et efficacement la densité d'un lieu. Ils servent aussi à établir un lien physique entre l'homme et cet espace. Ne serait-ce

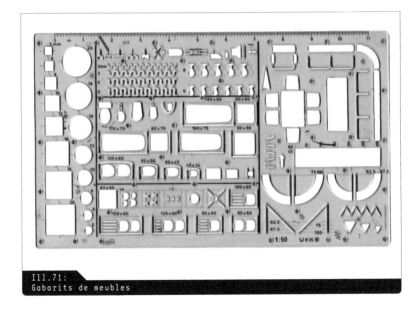

Ill.71 :
Gabarits de meubles

Ill.72:
Un élément mobile peut être bien adapté à la forme de l'espace tandis qu'une pièce de dimensions modestes requiert un mobilier fonctionnel développé exprès.

que par l'invitation à prendre place qu'il représente, un siège a un effet accueillant.

Dans un appartement, on trouve souvent des meubles qui rappellent des événements ou des proches, leur forme et leur nature perdent alors de leur importance. Ce mobilier devient alors un média d'émotions et de souvenirs dans un environnement personnel.

\\ Exemple:
Les dimensions des meubles peuvent être très différentes : un lit, élément habituellement peu encombrant, peut atteindre la taille d'une pièce en se muant en lit à baldaquin et en devenant ainsi une véritable pièce dans la pièce.

CONCLUSION

Le but de l'aménagement d'un espace est de conférer, à des lieux ou des locaux qui accueillent des personnes, une présence perceptible par les sens et par l'appareil cognitif en satisfaisant leurs besoins fonctionnels, techniques, intellectuels et esthétiques. L'existence humaine se déroule dans le temps et dans l'espace. Les diverses qualités d'un lieu sont donc constamment éprouvées par les sens et par l'intellect de manière tantôt intensive, tantôt incidente. Par ailleurs, les intéressés modifient sans cesse leur environnement de manière plus ou moins active et plus ou moins profonde. L'homme et l'espace entretiennent donc en permanence une relation dynamique réciproque. Il est possible de réaliser des aménagements qui tiennent compte des différents aspects de l'existence humaine, et d'offrir aux usagers des lieux dotés de nombreuses possibilités d'interaction et des qualités qui y rendent le séjour agréable.

L'aménagement d'un environnement construit sert à lui conférer une atmosphère propre, à le rendre propice au bien-être de chacun, à toutes sortes d'activités, d'interactions sociales et de contacts avec cet environnement et à influer sur tout cela de manière positive. L'atmosphère d'un lieu est la somme des phénomènes multiples perçus par les sens et par l'appareil cognitif.

Pour qu'un espace soit accepté, fréquenté par ses usagers, et continue à se développer à long terme, il importe de prendre en compte l'interaction complexe entre l'être humain et ce lieu. Une atmosphère peut être créée pour durer ou pour être éphémère, la plupart du temps elle varie au fil des ans. Une utilisation nouvelle d'un lieu existant peut transformer cette dernière sans qu'il y ait de modification matérielle; la seule présence de nouveaux arrivants suffit. Il est donc impossible de prévoir entièrement l'ambiance d'un endroit ni de conserver durablement l'impression que dégage un bâtiment neuf.

L'atmosphère n'est toutefois pas totalement impossible à planifier. On dispose pour ce faire du vaste répertoire de moyens et d'éléments que nous venons d'exposer: idées et concepts, activité et présence humaine, éclairage, forme et chorégraphie de suites d'espaces, texture et matérialité des éléments structurants et enfin acoustique influencent par leur interaction durable et complexe la manière de ressentir une atmosphère. Tous ces facteurs peuvent être utilisés pour créer un aménagement sensible.

Jouer sur l'effet que produira un espace, déterminer la proportion de structures définies et d'espaces destinés à l'appropriation personnelle par les usagers, ainsi que la façon d'y parvenir, font partie des tâches les plus passionnantes du concepteur d'aménagements.

ANNEXES

REMERCIEMENTS À

Bert Bielefeld, Dortmund, pour sa patience et sa révision critique
Tina Jacke, Siegen, pour les illustrations et les diagrammes
Petra Klein, Siegen, pour son soutien dans l'organisation du travail
Sigrun Musa pour les illustrations et les diagrammes
Judith Raum, Berlin, pour sa révision critique

RÉFÉRENCES BIBLIOGRAPHIQUES

Rudolf Arnheim, *Dynamique de la forme architecturale*, Bruxelles 1977

Gaston Bachelard, *La Poétique de l'espace*, PUF, Paris 1957

Franz Xaver Baier, *Der Raum*, Walther König, Cologne 1996

Gernot Böhme, *Atmosphäre*, Suhrkamp, Francfort-sur-le-Main 1995

Otto Friedrich Bollnow, *Human Space*, Princeton Architectural Press, New York 2008

Michel de Certeau, *L'Invention du quotidien. 1. Arts de faire et 2. Habiter, cuisiner*, éd. établie et présentée par Luce Giard, Gallimard, Paris 1990

Fred Fischer, *Der animale Weg*, Artemis, Zurich 1972

Kenneth Frampton, Harry Francis Mallgrave, *Studies in Tectonic Culture*, MIT Press, Cambridge 2001

Walter Gölz, *Dasein und Raum*, Max Niemeyer Verlag, Tübingen 1970

Max Jammer, *Concepts of Space: The History of Theories of Space in Physics*, Harvard University Press, Cambridge 1954

Hugo Kükelhaus, *Unmenschliche Architektur*, Gaia, Cologne 1973

Wolfgang Meisenheimer, *Choreography of the Architectural Space. The Diappearance of Space in Time*, Dongnyok/Walther König, Paju/Cologne 2007

László Moholoy-Nagy, *Peinture, photographie, film*, Chambon, Nîmes 1998

Paul von Naredi-Rainer, *Architektur und Harmonie. Zahl, Maß und Proportion in der abendländischen Baukunst*, DuMont, Cologne 1982

Christian Norberg-Schulz, *L'Art du lieu*, Le Moniteur, Paris 1980

Christian Norberg-Schulz, *Système logique de l'architecture*, Bruxelles 1974

Colin Rowe, Robert Slutzky, *Transparence réelle et virtuelle*, Paris 1992

Bernard Rudofsky, *Architecture sans architectes*, Hachette, Paris 1977

CRÉDITS ICONOGRAPHIQUES

Ill. page 8   Albrecht Heubner: Mindestwohnung 1927, © 2008.
Digital Image, The Museum of Modern Art, New York/
Scala, Florenz

Ill. 1   Christoph Ahlers

Ill. 4 et 5   Hannsjörg Voth: Escalier du ciel,
photo: Maike Niederprüm

Ill. 7 gauche   Ammonite, photo: Detlef Menzel

Ill. 7 droite   Radiographie d'une coquille d'escargot, photo: ForumS9

Ill. 9 droite   Usine nucléaire, photo: Sabine Wolf

Ill. 10   Habitat rupestre en Cappadoce, Turquie,
photo: Işık Aydemir

Ill. 11 droite   Dietrich Pressel: Containeratelier,
photo: Thomas Rodemeier

Ill. 12 gauche   Constructions en argile dans le Sud-Est anatolien,
photo: Ebru Erdönmez

Ill. 12 droite   INDEX Architekten: immeuble de bureaux,
photo: Christoph Lison

Ill. 13   Ebru Erdönmez

Ill. 19 droite   Espace public à Séoul, photo: Stefany Kim

Ill. 20   Bibliothèque de Graz, photo: Sigrun Musa

Ill. 22   Eralp Erdönmez

Ill. 23   site specific_SHANGHAI 04 © Olivo Barbieri

Ill. 24 gauche   Sigrun Musa

Ill. 25 gauche   Monastère de Sumela, Turquie, photo: Burak Haznedar

Ill. 25 droite   osa_office for subversive architecture – Campinski-Osa-
Workshop, TU Darmstadt, photo: Floris Besserer

Ill. 27   Dirk Paschke et Daniel Milohnic: piscine dans la cokerie
Zollverein à Essen – Fondation Industriedenkmalpflege
und Geschichtskultur, Essen 2001,
photo: Roman Mensing

Ill. 31   Tim Haas and Linda Cassels-Hofmann of Art Effects

Ill. 34   INDEX Architekten: immeuble de bureaux,
photo: Christoph Lison

Ill. 40   Immeuble d'habitation à Séoul, photo: Stefany Kim

Ill. 42   Meixner Schlüter Wendt: maison Wohlfahrt-Laymann,
photo: Christoph Kraneburg

Ill. 43   Santiago Cirugeda, Recetas Urbanas: Prothese Institu-
tion, Castellón, photo: Ulrich Exner

Ill. 44   Verburg Hoogendijk Architekten: supermarché temporaire, photo: Ulrich Exner

LES AUTEURS

Ulrich Exner enseigne l'aménagement de l'espace et la conception architecturale à l'université de Siegen au sein du département architecture et urbanisme. Il est par ailleurs architecte indépendant à Francfort-sur-le-Main.

Dietrich Pressel travaille comme collaborateur scientifique de la chaire d'aménagement de l'espace et conception architecturale au sein du département architecture et urbanisme à l'université de Siegen. Il possède en outre un cabinet d'architecture à Francfort-sur-le-Main.

Directeur de collection : Bert Bielefeld
Conception : Bert Bielefeld, Annette Gref
Mise en page et couverture : Muriel Comby
Traduction : Thomas de Kayser
Révision : Aurélie Duthoo

Information bibliographique de la Deutsche
Nationalbibliothek
La Deutsche Nationalbibliothek a répertorié cette
publication dans la Deutsche Nationalbibliografie ;
les données bibliographiques détaillées peuvent
être consultées sur Internet à l'adresse suivante :
http://dnb.d-nb.de.

Ce livre est aussi paru en version
allemande (ISBN 978-3-7643-8847-8) et
anglaise (ISBN 978-3-7643-8848-5).

© 2009 Birkhäuser Verlag AG
Basel · Boston · Berlin
Case postale 133, CH-4010 Bâle, Suisse
Membre du groupe d'éditeurs spécialisés
Springer Science+Business Media

Imprimé sur papier sans acide, composé de
tissus cellulaires blanchis sans chlore. TCF ∞
Imprimé en Allemagne

ISBN 978-3-7643-8849-2
9 8 7 6 5 4 3 2 1   www.birkhauser.ch